DATA-DRIVEN
ECONOMY

データ・ドリブン・エコノミー

デジタルがすべての企業・産業・社会を変革する

東京大学大学院工学系研究科教授
森川博之

ダイヤモンド社

はじめに　データ・ドリブン・エコノミーとは何か

デジタル革命は次のステージへ突入

いま私たちは、データが経済・社会の変革をもたらす新しい時代の幕開けに立ち会っている。

ここ数年、デジタル変革、ＩｏＴ（モノのインターネット）、ＡＩ（人工知能）、ビッグデータといった言葉が世間を賑わせているが、これらの背景にあるのが「21世紀の石油」とも言われるデータだ。インターネットに接続されたスマートフォンやセンサなどのさまざまな機器が生み出す膨大なデータが、あらゆる産業や社会を変えようとしている。

インターネットが普及し始めてから現在までの約20年間にわたるデジタル革命は、ネット上の「ウェブデータ」が主役だった。ウェブ閲覧履歴、ウェブ購買履歴、画像・動画データ、ＳＮＳの個人関連データなどが「情報爆発」をもたらし、これらのウェブデータをうまく集めた企業が競争優位に立つことができた。

しかし、**これからはリアルな世界の「リアルデータ」が主役になる。**

私たちの仕事や生活のなかにはデジタル化されていない膨大な物的資産があり、経験と勘に頼って行われてきた膨大なアナログプロセスがある。いま、こうしたリアルな世界からデータを集める動きが、さまざまな領域で活発になりつつある。

それを可能としたのが、情報通信技術（ＩＣＴ）の進展だ。無線通信、センサ、クラウドなどの技術が成熟し、あらゆるモノが低コストでネットに接続されるようになった。つまり、アナログ情報をデジタル化するためのインフラが整ったということだ。そして、データの収集・活用を支える強力なツールとなっているのが、ＩｏＴやＡＩである。昨今、デジタル変革の必要性が叫ばれるようになったのも、こうした状況の変化が背景にある。

新たな価値を生み出すフィードバックループ

「データ・ドリブン・エコノミー（データ駆動型経済）」とは、**リアルな世界から集めたデータが新たな価値を生み出し、あらゆる企業・産業・社会を変革していく一連の経済活動**を指す。

4～5ページの図は、それを端的に示したものだ。

図の最上段に並ぶ製造プロセス、モビリティ（移動手段）、医療・健康、インフラなどのあらゆる領域において、リアルな世界からデータが収集される。そのとき、データを収集しやすいように物的資産をデジタル化するのがＩｏＴだ。

収集したデータは、クラウドなどのデータベースに蓄積されてビッグデータになる。そのビッグデータを分析・解析し、現実世界へフィードバックするためのツールとなるのがＡＩだ。

企業や自治体などの組織では、こうしてフィードバックされた知見をもとに意思決定を行い、組織にとって最適な活動につなげていく。その結果が再びデータとして収集され、フィードバックされる。このような一連のループをぐるぐると回し、リアルな世界とサイバー空間を結びつけることで、新たな価値を生み出していく。

このように、データが起点となってあらゆる領域で価値を生み出していくのがデータ・ドリブン・エコノミーの特徴である。

ビッグデータやAIにとらわれなくていい

ビッグデータに関しては、やや誤解されている面があるかもしれない。

前述のループを回すために、必ずしもビッグデータが必要なわけではない。ビッグデータが必要な分野もあれば、スモールデータで十分な分野もある。

車載センサ

バイタルセンサ
モニタリングセンサ

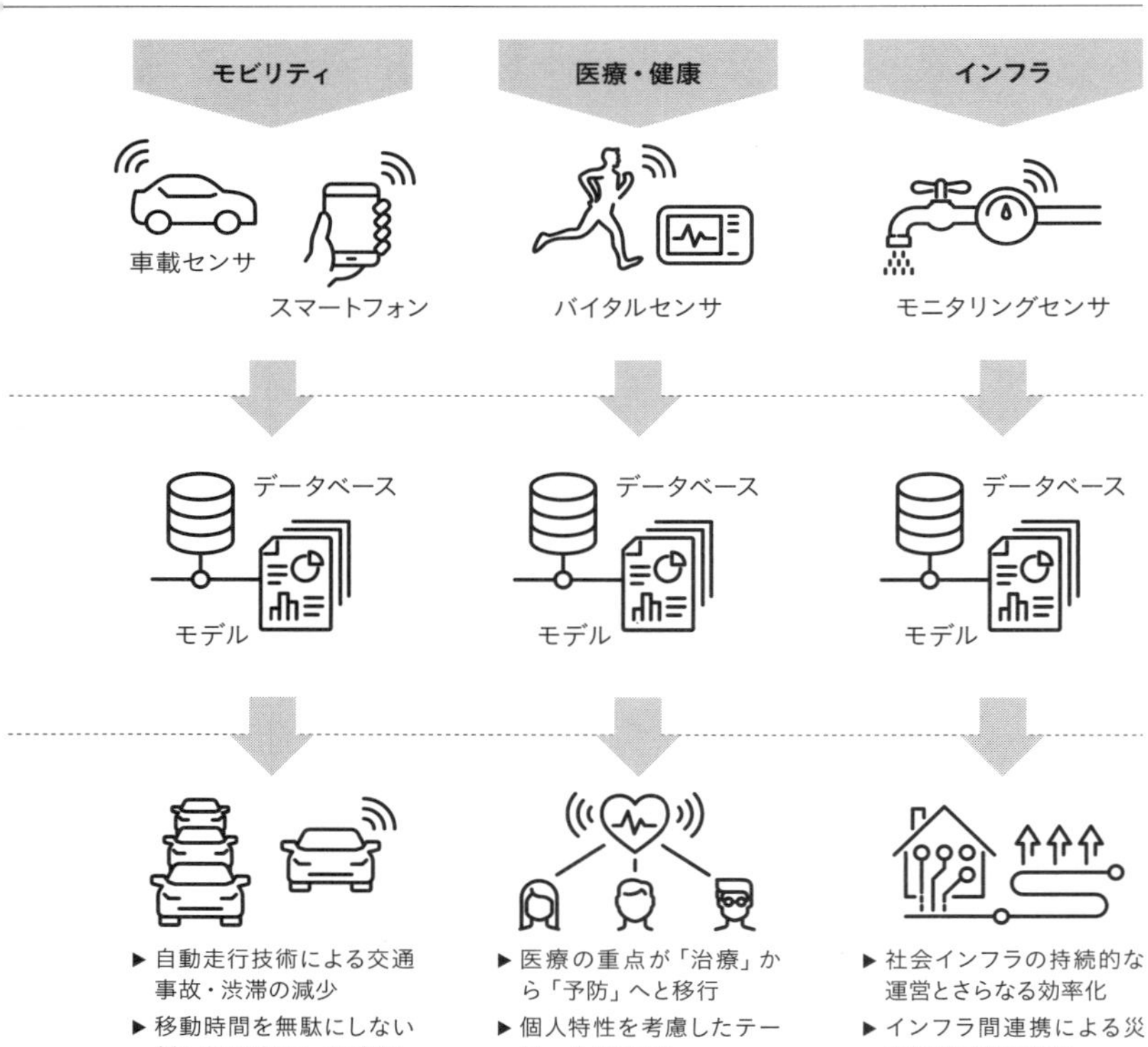
▶ 自動走行技術による交通事故・渋滞の減少
▶ 移動時間を無駄にしない新たなモビリティの実現
▶ 医療の重点が「治療」から「予防」へと移行
▶ 個人特性を考慮したテーラーメイド医療
▶ 社会インフラの持続的な運営とさらなる効率化
▶ インフラ間連携による災害対策基盤の強化

出典：経済産業省産業構造審議会商務流通情報分科会情報経済小委員会「中間取りまとめ～CPSによるデータ駆動型社会の到来を見据えた変革」をもとに作成

データ駆動型経済が社会を変革する

モノのデジタル化により、リアルな世界とサイバー空間との相互連関（CPS：Cyber Physical System）があらゆる領域で適用されるようになり、大きな社会的価値が生み出されていく。

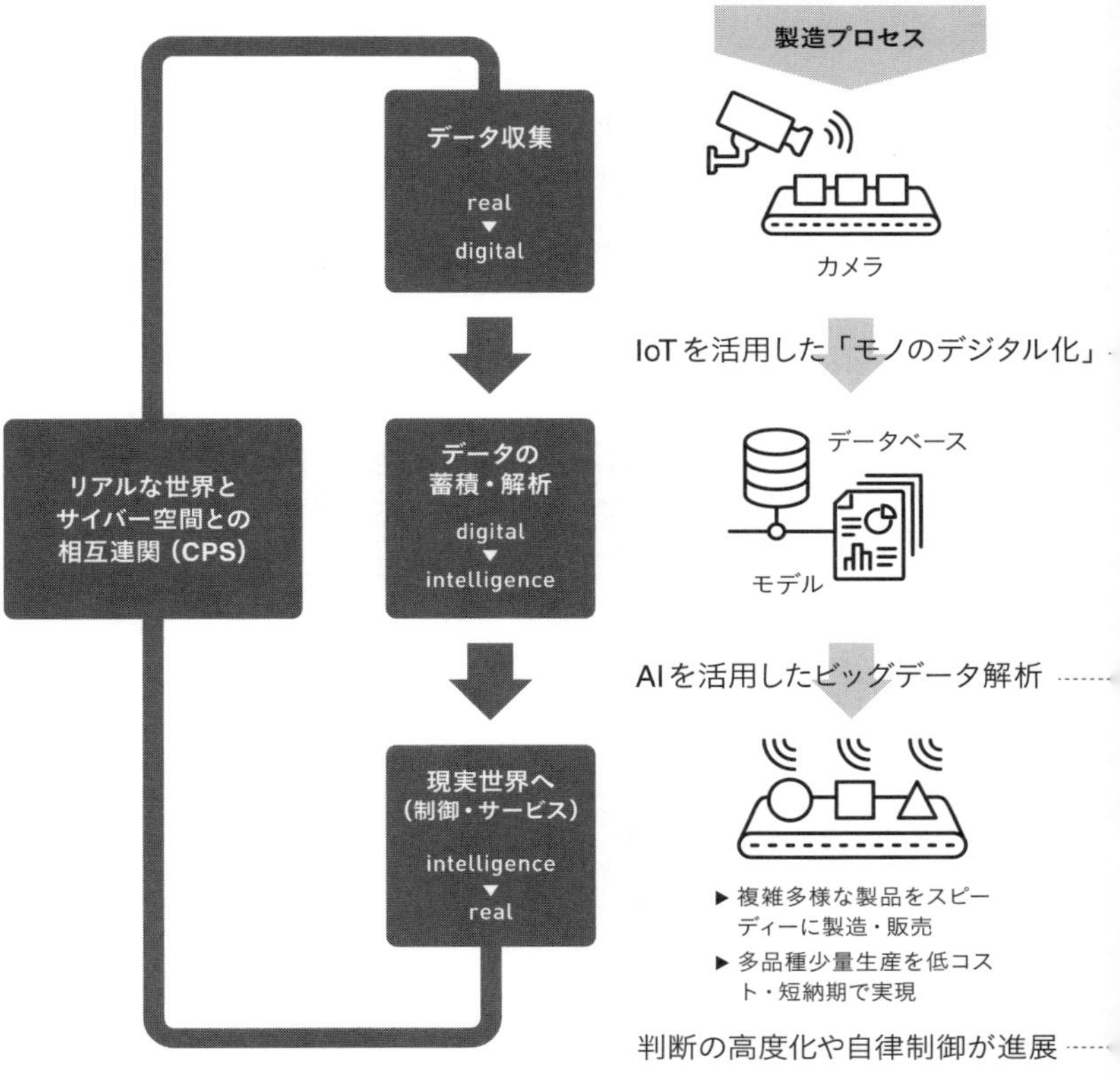

たとえば、ゴミの回収ボックスにセンサを取り付け、ゴミの集積状況を集めたデータをもとに回収頻度を調整するというデジタル化がある。この取り組みで収集されるデータの量はけっして多くない。つまりスモールデータだ。ビッグデータを集めなければ新たな価値を生み出せないわけではなく、少ないデータを分析するときにはＡＩも必要ない。表計算ソフトの「エクセル（Microsoft Excel）」を使えば十分な分析ができる。

こうした分野は世の中に膨大にある。**デジタルといえばビッグデータ、それを分析するためのＡＩ。そのように短絡的に決めつける必要はない。**

以前、グーグル（Google）のＡＩ「アルファ碁（AlphaGo）」が、囲碁棋士の世界チャンピオンに勝った。その準備過程で、全世界に残る棋譜を集めてＡＩに分析させようとしたら、たった16万棋譜しかなかったという。ＡＩに分析させるには、16万棋譜では足りない。そこで16万棋譜を読み込ませたＡＩを二つつくり、ＡＩ同士で対戦させることで新たに３０００万棋譜を作成した。それくらいの量のデータが集まってようやくビッグデータになり、分析するときにＡＩが有効になる。

世の中の経済活動を見渡してみても、大量なデータを集めなければ新たな価値を生み出せないケースはむしろ少数だ。データ・ドリブン・エコノミーを考えるとき、あまりビッグデータやＡＩにとらわれなくていい。

ドラッカーが示唆するデジタル革命の未来

これから長い年月をかけて、本当の意味でのデジタル革命が社会に浸透していく。その過程で、さまざまな製品・サービス、ビジネスモデル、産業が生まれていくだろう。しかし、その青写真を現時点で描くことはできない。

経営学者のピーター・ドラッカーは、「蒸気機関が鉄道の登場を促し、鉄道の登場がめぐりめぐって郵便、新聞、銀行などの登場につながった」と喝破《かっぱ》した。鉄道というインフラの整備が、あらゆる産業の変革を引き起こしたことの重要性を指摘したものだ。

蒸気機関の技術は、鉄道が終着駅ではなかった。（中略）鉄道の発明後に芽を出した新産業、しかも蒸気機関とは無縁の新産業が躍動を始めた。最初が一八三〇年代に現われた電報と写真であり、次が光学機器と農業機械だった。一八三〇年代の後半に始まったまったくの新産業、肥料産業が農業を変えた。公衆衛生が成長部門となり、伝染病の隔離、ワクチンの発明、上下水道の発達と続いた。こうして歴史上初めて、都市が農村よりも健康な住環境となった。麻酔もこのころ現われた。

これらの新技術に続いて、新たな社会制度が現われた。すなわち、近代郵便、新聞、投資銀行、商業銀行だった。いずれも蒸気機関どころか産業革命のいかなる技術とも関わりがなかった。しかし一八五〇年には、それらの産業と制度が先進国の産業と経済の様相を支配するにいたった。

『ネクスト・ソサエティ』（P・F・ドラッカー著、上田惇生訳、ダイヤモンド社）

ドラッカーの言葉を現代にあてはめると、こんな未来が予測できる。

「ICTがインターネット、スマートフォン、クラウド、センサなどの登場を促し、これらの普及がめぐりめぐって新たな産業や社会制度の登場につながった」

産業革命のころの蒸気機関に匹敵するのがICTで、鉄道に当たるのがインターネット、スマートフォン、クラウド、センサといったインフラだ。移送手段というインフラが整ったからこそ郵便、新聞、銀行が出現したように、これから社会はインターネット、スマートフォン、クラウド、センサなどのインフラを利用しながら、IoTやAIをツールとして活用し、大きく変わっていく。

本書では、データ・ドリブン・エコノミーが足下で企業・産業・社会をどう変えているのかを事例を交えながら詳しく紹介していく。また、真のデジタル革命時代に企業や個人がどう対処すればよいのか、私なりの視点を整理してお伝えしたい。

デジタル化の進展は新しいものを次々に生み出していく一方で、旧来の製品・サービス、ビジネスモデル、産業を破壊していく。これまでの考え方や行動では未来は拓けない。現状にとどまるのではなく、先んじてデジタルを自分のものとするべく、マインドセットを変えることが肝心だ。そのために本書を活用していただければ望外の喜びである。

2019年3月

東京大学大学院工学系研究科教授　森川博之

目次

データ・ドリブン・エコノミー

第2章 デジタルがあらゆるビジネスを変革する 077

DATA-
DRIVEN
ECONOMY

第1章
データ・ドリブン・エコノミーの本質

1 デジタルがあらゆる産業・社会を変革していく

実現し始めたネグロポンテの未来予測

世界37カ国が加盟する経済協力開発機構（OECD）は、2016年に「Going Digital」というプロジェクトを立ち上げた。データが新たな知見を生み出し、包括的な成長の源になるとみて、その影響をさまざまな角度から検証するものだ。

推進役を担うのは、私が副議長の一人を務めてきたデジタル経済政策委員会だ。それ以外にも競争政策、経済政策、消費者政策、統計政策、教育政策、貿易、保険・私的年金、雇用・労働・社会問題など多くの委員会が横断的に関わっていることから、**デジタル化がほぼすべての分野に影響を与え始めていることがわかる。**

マサチューセッツ工科大学（MIT）メディアラボの創設者、ニコラス・ネグロポンテが書籍『Being Digital』を著したのは1995年だった。ネグロポンテは「アトム（物質）からビット（情報）へ」という言葉で、デジタルがメディア、ライフスタイル、職場環境などあらゆる社会構造を根本的に変容させると予測した。

１９９５年といえば、まだインターネットが普及していない時代である。ＡＤＳＬもなく、電話回線を利用したダイヤルアップ接続が当たり前だった。もちろんノートパソコンもほとんど普及していない。そんな時代にデジタル社会の到来を予測したネグロポンテは、先見の明があった。

私が初めてインターネットを使ったのは１９８７年だった。東京大学の村井純氏（現・慶應義塾大学環境情報学部教授）が発足させた「ＪＵＮＥＴ」が海外との接続を開始し、それを試してみようと大学の研究室のワークステーションからＭＩＴのコンピュータにアクセスしてみた。すると、ＭＩＴのコンピュータのログインプロンプトがワークステーションの画面に現れ、衝撃を受けたことを記憶している。

その後、１９９４年にウェブブラウザのネットスケープ・ナビゲーター（Netscape Navigator）が登場し、やはり研究室のワークステーションを使って立ち上げてみたが、閲覧できるサイトが少なすぎてつまらなかった。まだそういう時代だった。

当時、通信業界や放送業界はすべて垂直統合で業界が形成されていた。そこに、インターネットの普及とともに横断的にデジタルが入ってきた。それによって、通信と放送が融合すると言われていた。

電話というアプリケーションを実現するために、電話網という技術が生まれた。レコードをかけるためにレコードプレイヤーが生まれた。放送もカメラがあって放送機器がある。いずれも、1対1の形である。これがアナログ時代の特徴だった。

ところが、デジタル時代が到来するとすべてがデジタル化され、インターネット上を流れていく。そうなると、電話も音楽も放送も同じになる。コンテンツがデジタル化され、すべてのものがデータで流れるようになると、横方向の業界間の垣根がどんどんなくなっていく。これがまさにいま、私たちがいる時代なのである。

過去20年間はデジタル革命の「助走期」

ネグロポンテの予測から20年。インターネット、スマートフォン、有線・無線のブロードバンドがもたらした影響は、「デジタル革命」と言っても過言ではない。いまやテレビはスマホアプリの一つとなり、放送事業者とメッセンジャーアプリ事業者がライバルになっている。金融分野では、銀行とＩＴ企業が競うフィンテックブームが起きている。デジタル化の進行が業界の垣根を壊し、社会に大きな影響を与えつつある。

しかし私は、**過去20年間はデジタル革命の「助走期」にすぎず、本当の意味でのデジタル革命はこれから幕を開ける**ととらえている。まもなくICTが真価を発揮する「飛翔期」に入り、デジタルが社会の隅々まで浸透していくだろう。

これまでの「助走期」は、デジタル革命のインフラが整備されるまでの期間と言い換えることができる。そのインフラの主な柱は、インターネット、スマートフォン、クラウド、センサ、無線通信などのテクノロジーである。

インターネットが登場し多くの人が使い始めたことによって、通信環境を整備するために光ファイバへの投資が行われ、巨大な光ファイバ網が出来上がった。光ファイバ網が充実したことで、そこからクラウドの技術が発展していく。

モバイルの発展により、有線から無線へと舵が切られ、無線技術が発展した。この無線技術は、スマホの普及によって飛躍的に成長していく。さらにスマホの普及は、センサ技術も高めていった。1台のスマホには、加速度センサ、近接センサ、照度センサ、磁気センサ、指紋認証センサなどさまざまな種類のセンサが必要となる。これがセンサの小型化、省力化、コストダウンを促した。

助走しながら、必要となる技術をつくり込んでいった。そこに莫大な資金が投下され、ふと振り返るとそれらがインフラになっていた。いわば、偶然の産物だ。インフラを整えようとして計画的に整備してきたわけではなく、たまたま状況が整ってきて現在がある。2015年にIoTという言葉が出てきたのも、テクノロジーが成熟したことによって、これらのインフラがさまざまな地域で安価に利用できる環境が整ったからといえる。

これからの「飛翔期」にはデジタルが社会の隅々に浸透していく

インターネットの登場から現在に至るまで、さまざまなICTが生み出され、それらをもとにIT革命が起こった。eコマースがリアル店舗を脅かし、スマホが急速に社会に普及していった。少し前までCDやDVDで楽しむのが当たり前だった音楽や動画も、いまではアップル（Apple）やネットフリックス（Netflix）などが提供するストリーミング配信が主流となりつつある。

こうした現象を見る限り、これまでの「助走期」にもデジタル化はかなりのスピードで進展してきたように思える。

実際、B2Cの分野では、デジタルが人々の生活を大きく変え始めている。スマホを利用している私たち自身も、もはやデジタルとは無縁ではない。日々のニュースや天気予報を、紙の新聞やテレビではなくスマホアプリでチェックしている人も多いだろう。

しかし、**一歩引いた視点で見渡してみると、世の中はアナログで溢れている。**そこにはデジタル化されていない膨大な量の物的資産がある。私たちの仕事や生活のなかにも、経験や勘に頼って行われている膨大な量のアナログプロセスがある。これまでデジタル化されてきたのは主にインターネット上で生成されたウェブデータであり、リアルな世界でデジタル化されているものはごく一部にすぎなかった。

ビジネスの領域でも、デジタル化が求められてきた業界は少数だった。IT企業やネット企業、一部の先進的な企業がデジタルを積極的に取り入れてきたものの、その他の大部分の企業は依然としてアナログの世界でビジネスを展開してきた。

しかし、これまでの「助走期」を経て、デジタル化に舵を切るためのインフラは整った。データ収集やデータ分析のツールも安価に利用できるようになった。グローバル化や経済の成熟化を背景として企業間の競争はますます激しくなっている。デジタルを取り入れて生き残りを図ろうとする企業は、確実に増えていく。

ここ数年、グーグルなどのIT企業がテクノロジーを武器にして異業種に参入する動きが活発になっている。いわゆるディスラプション（創造的破壊）である。これらの業界では、強い危機感を持ってデジタル化を図ろうとする企業が少なくない。また、製造業のなかには、コマツのように競合他社に先駆けてＩｏＴを取り入れ、競争力を大きく高めた企業も現れ始めている。

こうした動きは、今後、少しずつ加速していく。「助走期」から「飛翔期」への移行はすでに始まっていて、これからデジタルは長い年月をかけて社会の隅々に浸透していくだろう。

ただし、それがどの業界、どの企業から進むのかはわからない。業種や企業規模というよりも、属人的な要素が大きいからだ。経営トップが強い危機感を持っている企業、デジタルの必要性を強く意識している企業から、デジタル化が始まっていく。そして、それらの企業が一定の成果をあげることによって、さまざまな企業・業界に広がっていくのではないだろうか。

デジタルの浸透には長い時間がかかる

先ほど私は「デジタルは長い年月をかけて社会の隅々に浸透していく」と述べた。その根拠は、**デジタル化を推進するＩＣＴが現代における汎用技術だから**である。

汎用技術とは、特定の生産物だけに関係するものではなく、あらゆる経済活動で利用され、関連する分野が非常に広い技術を指す。18世紀の産業革命で生み出された蒸気機関や、その後、蒸気機関に代わって導入された電気が、代表的な汎用技術として挙げられる。

電気は19世紀末に電灯事業で利用が始まったが、工場の動力としての利用は遅れ、工場の電化によって産業の生産性が上昇したのは1920年代以降のことだった。その間、およそ40年が経っている。働き方や組織の体制を変えなければ、工場の蒸気機関を電気に替えることができなかったからだ。

現代の私たちは電気の利便性をよく知っているので、「さっさと電気に替えればよかったのに」と思いがちだ。しかし、電気に替えるためには工場の設備やレイアウトをガラリと変えなければならないし、職人さんの働き方も変えなければならない。彼らには変わった後のことが想像できないので、心理的な抵抗が強く、なかなか意識を変えることができない。汎用技術が行き渡るまでに長い年月がかかる大きな要因はここにある。

現代の汎用技術であるICTについても同じことがいえる。デジタル化を進めるには、組織や働き方などの変革が必要となる。

モノづくり企業では、デザインから設計、原材料調達、製造、物流、販売に至るまで、一方向の意思決定の流れに適した組織が構築されている。しかし、製造したモノにセンサが組み込まれ、センサから得られたデータを設計や製造に反映できるようになると、情報が双方向にスムーズに流れる必要がある。一方向の流れに適した組織では、情報が双方向に流れにくいので、最適な組織形態を模索することが求められる。

組織の体制を変えれば、それに合わせて従業員を配置し直す必要が生じる。一人ひとりの仕事のやり方も変えなければならない。それが現場の反発を招き、変革の障害となる。ＩＣＴが進化するスピードは蒸気機関や電気よりもはるかに速いが、人の意識は昔も今もほとんど変わらない。

真のデジタル社会はいつ到来するのか

では、デジタルが社会に浸透し、真の意味でデジタル社会が到来するのはいつごろになるのか。ある産業がバブルの崩壊を経て台頭するまでの歴史を振り返ると、30～40年で本物になるという見方ができる。

１８５０年にイギリスで「鉄道バブル」が崩壊した。１８４０年代に鉄道会社が相次いでロンドン市場に上場すると、鉄道が儲かりそうだということで投資家が鉄道株に殺到した。鉄道会社にお金が集まり、各社が競って全国に線路を敷設するようになるが、６０００マイル（1万キロ弱）もの線路を敷設したところでバブルが弾けた。しかし、結局のところイギリスの鉄道が黄金期を迎えたのは、それから30〜40年後の１８８０年代から90年代になってからだった。

１９２９年の世界大恐慌は、ニューヨーク証券取引所における自動車株と電力株のバブルが崩壊したことがきっかけと言われている。自動車株と電力株が急上昇したことでバブルが始まり、一時はアメリカだけで自動車メーカーが３００社もあった。しかし道路が舗装され、高速道路が整備されて自動車が社会のインフラとなったのは、１９５０年代から60年代だった。ということは、やはりバブルが弾けて30年ほど経ってからということになる。

それらを踏まえると、インターネットバブルが２０００年ごろに弾け、２００８年にリーマンショックで再びバブルが弾けてから、まだ10年ほどしか経っていない。そう考えると、デジタルが社会の隅々に行き渡り、**真の意味でデジタル社会が到来するのは、いまから約20年後の２０４０年以降になるのではないか**と考えられる。

ただ、私が言っているのは「行き渡る」までの期間であって、その動きはすでに始まっていることを忘れてはならない。ひとたび流れができれば一気に加速していく。初期の段階で主導権を握った者が勝つのは間違いない。つまり、早く動いた者が勝ち、後れを取った者は負ける。それはどの分野のどんな競争でも変わらない。

すでに、デジタル化とは距離がありそうな農業の分野でも、デジタル化に意欲的に取り組んでいる生産者がいる。その一方でデジタル化は必要ないという生産者も多く、この人たちの意識が変わりデジタルが浸透するまでには長い年月がかかるという意味だ。後れを取ったら、たとえ生き残れたとしても先頭グループを走るのは難しいだろう。

2 データがプラットフォームを構成する

情報爆発をもたらしたネット空間のデータ

現在は「情報爆発」と形容されるほど、膨大な数のデータが生まれている。

人類が誕生してからインターネットが登場するまで、数万年かけてつくり出されてきたデータ量は12エクサバイト（1エクサバイトは10億ギガバイト）と言われている。しかし、2000年の1年間に生成されたデータ量は2・1〜3・2エクサバイト、2002年は3・4〜5・4エクサバイトに及んでいる。この時点で、数万年かけて蓄積してきたデータを数年で凌駕するほどのデータ量が生み出されている。

さらに、2011年に生成されたデータ量は、1・8ゼタバイト（1ゼタバイトは1024エクサバイト）だという。これは1億2700万人の日本国民全員が1日3回のツイートを5万年続けるのと同じデータ量で、2007年に生成されたデータ量の10倍に

情報爆発を起こしたネット空間のデータ

2000年の1年間に生成されたデータ量は2.1〜3.2エクサバイトで、人類が誕生してから数万年かけて蓄積してきたデータ（12エクサバイト）を数年で凌駕するほどの量となっている。

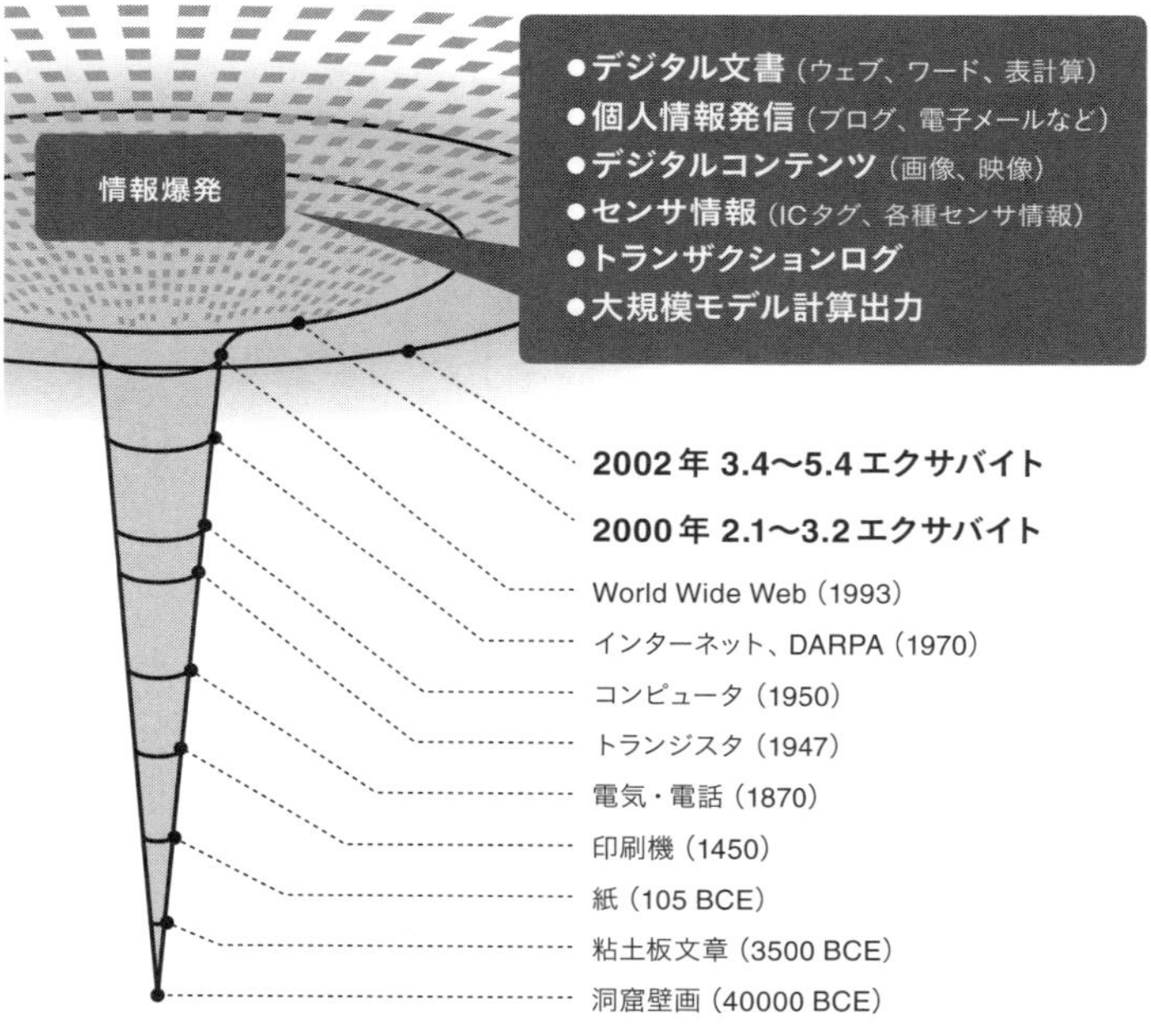

出典：文部科学省「情報爆発時代に向けた新しいIT基盤技術の研究」

も及ぶ。

そして現在、ユーチューブ（YouTube）には毎分48時間分の動画がアップされ、ツイッター（Twitter）では1日2億件のつぶやきが流れ、フェイスブック（Facebook）には毎月75億枚の写真が投稿されている。**2011年から2020年までの10年間で、1.8ゼタバイトのデータ量は50倍にまで膨れ上がり、それを処理するサーバの台数は10倍になる**と言われている。

現在、これほどまでにネット空間のデータ量は急増している。しかし、これまで生成されてきた情報量は、果たして本当に少なかったのだろうか。

人間が必要とする情報量は、いつの時代でも無限大だったのかもしれない。ただ、認識したくても熟練の視点がなければ認識できなかった情報が膨大にあっただけで、それを認識する技術が成熟してきただけではないのだろうか。

2000年代半ばに、マンションの耐震偽装が問題になったことがあった。当時、多くの人が自分の住むマンションは大丈夫なのかと知りたがった。だが、データがない。もしその当時にマンションにセンサが付いていたら、センサが取得したデータを分析すればマンションの強度が問題ないかどうかはすぐにわかったはずだ。

必要ないかもしれないが、あったほうがいいデータ。知らなかったけれども、いまになって知ることができるデータ。いま、こうした類のデータが、恐ろしい勢いで生成・集積されている。

グーグル、アマゾン、フェイスブックの強みは膨大な量のデータ

アメリカの大手IT企業をはじめとするプラットフォーマーが、膨大な量のデータを集めている。プラットフォーマーとは、商品・サービスやコンテンツを集めた基盤（プラットフォーム）を構築・運営し、それらを消費者や企業に対して広く提供する事業者のことを指す。

その有力なプレイヤーであるグーグルはウェブ閲覧履歴、アマゾン（Amazon）はウェブ購買履歴、フェイスブックは個人関連データを収集している。また、動画を集める仕組みをつくったのがユーチューブ、画像を集める仕組みをつくったのがインスタグラム（Instagram）、つぶやきを集める仕組みをつくったのがツイッターだ。そして、**コンテンツと行動情報のどちらか、あるいは両方をうまく集められるプレイヤーが世界を牛耳ることができた。**

そうした世界観をわかりやすく示したのが、２００４年に公開された「ＥＰＩＣ

２０１４」というフラッシュムービーだ。これは10年後のメディアの未来を架空の視点で表現したもので、そのなかに登場する「グーグルゾン（Googlezon）」という企業が注目を浴びた。

グーグルゾンは、グーグルとアマゾンが合併するという、なんとも恐ろしい世界を描いたものだ。まるでジョージ・オーウェルが『１９８４年』で描いたような独裁体制下の監視社会を示唆している。

グーグルゾンの何が恐ろしいのか。それは、アマゾンが持つ「ユーザーの購買履歴という過去の情報」と、グーグルが持つ「ユーザーの関心事（検索履歴）という将来の情報」が一手に握られることだ。過去から将来までの情報をすべて握られ、丸裸にされる怖い社会を、グーグルゾンで表現していた。

特殊な存在は中国である。バイドゥ（百度）、アリババ（阿里巴巴）、テンセント（騰訊）などの中国ＩＴ企業も膨大な量のデータを集めているはずだ。データの量では、もはやアメリカは中国に敵わないかもしれない。

中国は国を挙げて情報を集めていて、プライバシーはゼロだ。しかし中国国民はパーソナルデータをアップロードすることで、自分のスコアを上げたがっている。中国には「芝《ご》麻《ま》信用《しんよう》」と呼ばれる社会信用スコアがあり、自分のスコアを上げることで、さまざまなメリットを享受できるからだ。

クレジットカードのデータをすべて上げることによって、「私はきちんと支払いをしています」というアピールになる。ビザも取りやすくなると言われているし、結婚相手を探すときもスコアで決まる。そのため、男性も女性もスコアを上げるために個人情報をすべて出し、「私はこれだけ収入があって、こんなに立派なんです」ということをアピールしている。

中国政府は、そのデータによって国民を管理している。不穏分子を探し、従順な国民にしておくためだ。国民の側からすればたしかに怖いが、中国の人たちはスコアに反映されることによって悪いことをするやつが減るからいいと考えている節もある。日本では警戒される監視カメラも、中国では危険な人物を捕まえてくれるのであれば構わないという発想がある。

データを集めた者が勝機をつかむ時代

グーグル、アマゾン、フェイスブックなど、データを握っている企業がプラットフォームを構成し、そこにサードパーティが集まるエコシステムを形成している。エコシステムとは、さまざまな製品・サービスや企業・業界が連携することで、単独では得られない競争力を生み出すビジネス生態系である。それを束ねるのがプラットフォーマーだ。データを集めた者がプラットフォーマーになり、他を制圧する強力な存在になっていく。

これから始まる物的資産のデジタル化でも、データを数多く集めてプラットフォームを構成した者が勝つ。しかも、これまでにグーグル、アマゾン、フェイスブックなどが集めてきたウェブデータに比べて、**これから集めるリアルデータの量は比較にならないほど膨大**だ。とてもグーグル1社、アマゾン1社で集めることはできない。だからこそ、さまざまなプレイヤーにチャンスがある。

データを集めていくと、面白いことが起こる。

2014年から、アマゾンはマーケットプレイスに出店する小規模事業者向けに「アマゾン・レンディング」と呼ばれる小口の融資事業を始めている。アマゾンはこれらの事業者の取り扱い商品や取引履歴、さらには在庫状況まで把握しているため、それを与信判断の材料にしている。これもデータがもたらした勝利といえる。アマゾンも、ネット店舗をつくった当初は融資事業を行おうとは考えていなかったはずだ。とにかく安いものを便利な形で提供したいという顧客中心のマーケットを構築してビジネスを進めていくなかで、集めたデータを融資に活用できることに気づいた。

始めるときにはわからないから、走りながら考えるしかない。**データビジネスは、走りながら考えるなかで新たな価値が生まれてくる。**実際、データを持っているプレイヤーにお金が流れ始めている。その期待があるからだ。

パーソナルデータの取引市場が活性化

さまざまな組織がデータを集めるようになると、パーソナルデータの取引市場が活性化するかもしれない。日本にもすでに、エブリセンス、日本データ取引所という二つの会社があり、オムロンやＫＤＤＩなどの上場企業も参入している。

たとえば、Ａさんが自分のスマホのＧＰＳの位置情報を取引市場に提示し、その取引市場で「Ａさんの位置情報が欲しい」という会社があったとき、売り上げの一部がＡさんに入る仕組みになっている。

実際にアメリカでパーソナルデータの提供をビジネスとして展開しているのが、データクー（Datacoup）という会社だ。

データクーは、消費者が自身のパーソナルデータを企業に販売できる市場を２０１４年４月に公開した。消費者はクレジットカードやデビットカード、ソーシャルメディアなど

12種類のデータ源のなかから好きなものを選択し、販売先企業を選択して販売する。それぞれのデータ源は入手できるデータの価値に応じてランク付けされ、消費者は平均で月額8ドルから10ドル程度を受け取ることができる。

いまはパーソナルなレベルにとどまるが、将来的には企業間でデータのやり取りが行われると期待される。いま、そこに挑戦しているのがエブリセンスや日本データ取引所のようなベンチャー企業である。ただ、パーソナルデータのマーケットは、現在のグーグルやフェイスブックのような無料モデルではないので、ハードルは高いかもしれない。

オープンデータを利用したビジネス展開

パーソナルデータに対し、オープンデータを利用したビジネスも始まっている。

プレミス（Premise）は、129万点に上る日用品の販売価格、希望小売価格、値引き、在庫量、品質などのデータを2万軒のオンラインストアおよび1万2000軒のリアル店舗から収集し、インフレ指数の監視や食糧不足の発生を察知するサービスを行う。

実店舗のデータは「コントリビューター」と呼ばれる人がスマホで写真に撮り、価格、場所、店名、日付と時間などをプレミスのサーバに送信する。市場で売られているトマトやシャンプー、衣料品といった200から250品目の価格を組み合わせ、カテゴリーごとに重み付けをして、国ごとに異なる独自のアルゴリズムで分析する。対象国は、途上国を中心に20カ国に及ぶ。

不動産情報のポータルサイトを展開しているジロー（Zillow）は、「ゼスティメイト（Zestimate）」という査定モデルを使い、サイトを訪れたユーザーが不動産価格を自動査定できる機能を提供している。

固定資産税額と実際に支払った額、税の特例措置、租税査定人の記録などのオープンデータを地方公共団体から取得し、物件の場所や面積、区画、ベッドルームやバスルームの数、近隣の同じ条件の物件の売買価格などの情報を加えて分析し、独自に不動産価格を算出している。

実際の売買価格との差は、約38％の物件が5％の誤差、約64％の物件が10％の誤差、約85％の物件が20％の誤差の範囲に収まるほど、正確性に定評がある。

オープンデータを活用して犯罪予測を行うこともできるようになった。

AIを使った犯罪予測システム「プレッドポル（PredPol）」である。最初に導入したのは、凶悪事件が頻発し、それを取り締まる警察官の数が不足していたカリフォルニア州サンタクルーズ警察署だ。

プレッドポルには、年間12万件以上に及ぶ通報記録や犯罪記録がインプットされる。それに加え、犯罪に絡むケースが多いバーの開店時刻や、暗がりを好む犯罪者の心理を織り込むため街灯の故障箇所もインプットする。これをＡＩが分析し、地域ごとの犯罪確率が弾き出される。それを過去の犯罪パターンと照合し、もっとも確率の高そうな地域を予測する仕組みである。導入は２０１１年7月、初年度の逮捕件数は56％増加し、盗難車の発見は22％増加した。

この犯罪予測に、確たる根拠はない。データ間の相関関係に基づく確率の問題にすぎない。しかも、窃盗事件や傷害事件などの「出来心」で犯罪を犯してしまうパターン化されたケースしか予測できない。時間帯、暗さ、人通りの多さ、天候などの外的要因をはじめ、バーなどの位置、道の入り組み具合など、犯罪が起こりやすい条件が揃っているがゆえに確率が上がるだけだ。それでも、検挙率は上がり、プレッドポルが特定した地域を警察官が巡回することで、犯罪の抑止力にもなっている。

このように、海外では誰にでも手に入れられるオープンデータを使ったビジネスが始まっているが、日本ではなかなか広がっていかない。その理由は、日本人の気質と関係している。仮にデータが間違っていたら誰が責任を取るのか。責任転嫁をするための議論が始まり、なかなか行動に移せない。まずはやってみるという発想がなく、間違っているデータは出せないという「心配モード」から入ってしまうからだ。そのため、アメリカのように積極的な姿勢は出てこない。

しかし、**いずれオープンデータを使ったビジネスは必ず出てくる。**そのときに、石橋を叩いていると、外国企業にすべてを握られてしまう。

データの価値を物語る「ゼンメルワイスの悲劇」

データの価値を考えるとき、示唆に富む逸話がある。それが「ゼンメルワイスの悲劇」である。

ハンガリー出身の産科医イグナック・フユーロップ・ゼンメルワイスは、1846年にオーストリアのウィーン大学病院で産科医としてのキャリアをスタートさせた。そこで目にしたのは、妊婦が産褥熱《さんじょくねつ》によって数多く亡くなっていく姿だった。ゼンメルワイスはこの産褥熱を減らすことができないかと考える。しかし、当時の常識では、産褥熱は予防できない難病と信じられていた。

ゼンメルワイスは、同じ病院の第一産科の産褥熱による死亡率が11・04%だったのに対し、第二産科はわずか2・08％であることに着目した。その原因を探ろうと必死に観察を続けるが、二つの産科の違いは医療従事者が異なることだけであった。第一産科では医師により分娩が行われていたのに対し、第二産科では助産師により分娩が行われていた。

1847年、ゼンメルワイスの親友が病理解剖をしている最中に誤ってメスで腕を傷つけたことから感染症にかかり、亡くなってしまった。親友の病状を聞くと、産褥熱の症状とまったく同じであることに気づいた。調べを進めると、第一産科の医師だけが産褥熱で亡くなった患者の病理解剖をしていることに思い当たり、死体に付いている何かが、解剖をした医師の手で運ばれているのだろうと考えるに至った。

当時の医師には、手洗いの習慣がなかった。そこでゼンメルワイスは、第一産科の医師に手指を洗い消毒する習慣を義務づけた。すると、第一産科における産褥熱による死亡率は激減し、第二産科とかなり近い3・04％まで減少した。

翌年、ゼンメルワイスは手指の洗浄と消毒に加え、産婦に使用する医療器具などの消毒も徹底して行う方針を打ち出した。その結果、第一産科と第二産科双方とも、産褥熱による産婦の死亡がほぼ完全に撲滅された。

ところが、ゼンメルワイスの成果を当時の主任教授は認めなかった。ゼンメルワイスが書こうとしなかった論文をある人物が代筆して発表したが、医学界の支持を得ることもできなかった。なぜなら、まだ病原菌は発見されておらず、病気は身体の中の「基礎体液」のバランスが崩れることによって起こると信じられていたためだ。そもそも医師自身の手が死を引き起こしていること自体、受け入れがたかった。ゼンメルワイスの発見は、当時の医学界の権威の主張と真っ向から対立するものだった。

失意のままウィーンを離れハンガリーに戻ったゼンメルワイスは、ブダペストの病院の産婦人科病棟から産褥熱を一掃する。そして1861年に『産褥熱の原因と概念およびその予防法』という書籍を上梓するが、海外の医学界に否定され続けた。

手指を洗浄、消毒するだけで劇的に死亡率が改善するデータが出ているのに、それを医学界の権威がメンツのためだけに否定し続けた結果、本来は亡くなることのなかった産婦が数多く亡くなってしまった。ゼンメルワイスの説が認められたのは、彼の死後のことだった。

この逸話は、**データを軽視しないほうがいい、データには真実が隠されている**という示唆を与えてくれる。

3 ウェブからリアルへの主役交代

主役はウェブデータからリアルデータへ

グーグル、アマゾン、フェイスブックは、これまでユーザーがパソコンやスマホに打ち込んだ情報やインターネット上に存在するコンテンツをデータとして集めてきた。これらがウェブデータだ。

これに対して、これからはリアルデータが主役になる。センサや無線通信技術を使って、いままで取れなかった現場のデータが取れるようになったためである。**リアルな世界、私たちが実際に生活したり働いたりするフィジカル（物理的）な世界から上がってくるデータだ。**仮想的なインターネット上の世界とは無縁なところで発生するデータといえる。

リアル店舗のＰＯＳ（販売時点情報管理）データは、現場で顧客が実際に購買した商品のデータであり、リアルデータだ。しかし、ＰＯＳデータだけからは、顧客がある商品を手に取り、迷った末に棚に戻した、迷った末に買い物カゴに入れたというプロセスまではわからない。

これに対して、売り場の様子をビデオカメラで撮影し分析すれば、顧客の購買までのプロセスをデータ化することができる。従業員の動きをデータ化すれば、従業員の配置と売り上げの関係などを見える化することができる。

新しいリアルデータを入手できる環境が整いつつある。現場の創意工夫によって、リアルな世界のありとあらゆるものをデータ化し、経営改善や変革につなげることができるようになってきた。

リアルデータには、モノから発生するデータだけではなく、スポーツなど人間の行動から生み出されるデータも含まれる。あるいは、地すべりと関係するがけのデータなど自然現象もその一部である。

リアルな世界から生成されるデータは、製造業、農業、土木、都市などあらゆる産業セグメントにわたる。現在のウェブ企業が対象としているウェブデータとは異なる新しいデータであり、現時点で膨大な量のリアルデータを収集している企業は存在しない。まさにこれからというフェーズにあり、誰にでも勝利をつかむチャンスがあるのがリアルデータの世界である。

回収コストを7割削減した「スマートゴミ箱」

リアルデータの具体例を見てみよう。

資源ゴミなどを定期的に回収するケースで、回収すべきゴミが少ないと、人件費や燃料費などの損失につながる。反対に、回収すべきゴミが多すぎると、一度で回収しきれず、再度回収に出向かなければならない。回収するゴミの量がわかれば、適切なタイミングで効率的に回収できるようになる。

アメリカのフィラデルフィア市では、街中にある500個のゴミ箱を、ビッグベリー（BigBelly）が提供する「ビッグベリーソーラー（BigBelly Solar）」に置き換えた。ビッグベリーは、ゴミの蓄積状況を量るセンサ、太陽光発電と無線通信機能を備えたゴミ箱、管理用クラウドサービスをセットで提供している。

従来のゴミ箱からスマートゴミ箱に替えたことで、ゴミの回収頻度が週に7回から2回にまで減った。それによって、年間約2億3000万円だった回収コストを、約7300万円まで7割も削減することに成功した。

ビッグベリーソーラーは1セット50万円から70万円、500個を購入した初期コストは約3億円だった。回収コストの削減額は年間約1億5700万円なので、スマートゴミ箱設置に関わる初期費用はおおむね2年で回収できる計算だ。ビッグベリーソーラーには、ゴミが一定量を超えると自動的に圧縮するタイプもあり、今後はゴミ箱にカメラなどを取り付けることで新たなサービスを検討中だという。

フィンランドのエネボ（Enevo）が提供するのは、無線通信機能を内蔵した、超音波によってゴミの量を計測するセンサである。ゴミ箱にネジやマグネットでセンサを装着するので扱いも簡単だ。ゴミの量だけでなく液体の量も計測できるセンサなので、燃料タンクにも応用できる。

エネボはクラウドのデータ分析に力を入れている。センサから入手したデータを分析し、満杯になる時期を予測し、回収ルートも提示する。

日本の四国のスーパーマーケットでの取り組みもある。スーパー、顧客、古紙回収事業者の三者がウィン・ウィンの関係をつくり上げた事例である。

古紙回収事業者は古紙回収ボックスにセンサと無線通信モジュールを取り付け、古紙の量をリアルタイムで量れるようにした。そうすることで、顧客がどれだけ古紙を持ち込んだのかが遠隔からわかり、いま現在古紙回収ボックスにどれだけの古紙がたまっているかがわかる。そのデータを見てどのタイミングで回収しに行けばいいかがわかるので、回収コストを以前の3分の1にまで抑えることができた。

この古紙回収ボックスをスーパーに設置し、顧客が古紙を持ち込むとスーパーのポイントがもらえる仕組みもつくった。顧客に付与するポイントは、古紙回収事業者の回収コストの削減分の一部を還元する。

スーパーは顧客の来店頻度を高めることが期待でき、顧客はポイントをもらえ、古紙回収事業者は無駄な回収作業を減らすことができる。「三方よし」の仕組みを、古紙回収ボックスを少しスマート化しただけでつくり上げた事例だ。

いずれのケースも市場規模やインパクトは小さい。しかし、地味だからといっておろそかにしていると、デジタル化に取り組む他の企業に差をつけられ、やがて競争力を失う。その結果、生産性の差は指数関数的に開いていくことになる。

デジタル化で収益増をとげた欧米スポーツ業界

欧米のスポーツ業界は、有力な選手をかき集めるためだけではなく、競技の質を高めるためにも莫大な資金を注ぎ込む。デジタル化についても、豊富な資金力を背景として意欲的な取り組みを積極果敢に行っている。

アメリカンフットボールの事例である。

試合で選手が身にまとうウェアにタグを付けることで、選手の位置、動き、運動量といったすべてのプレーをデジタル化している。いままでのスポーツは、純粋にアナログの世界だった。監督やコーチは選手の動きを目で見て選手に指示を出していたし、観客は選手のプレーを目で見て楽しんでいた。

ここにデジタルが入ったことによって、新たな価値が生まれ始めている。監督やコーチは、選手の動きがデジタルデータで把握できるようになったことで、戦略の構築に役立てられる。選手の運動量もわかるので、選手それぞれの怪我のリスクが把握でき、怪我をしないためのトレーニングを取り入れるタイミングを客観的かつ効率的に指示することもできる。

一方の観客に対しても、選手の名前をリアルタイムに画面上にスーパーインポーズしたり、選手と選手が何ヤード離れているかを示したり、選手の動きの軌跡を表示したりなど、プレーのデジタル化による新たなエクスペリエンス（体験）を提供できる。

バスケットボールでも、デジタル化投資が活発に行われている。

アリーナの天井に4台のカメラを設置し、撮影した映像をもとに選手の動きをデジタル化する。ある選手は何ヤード離れたところからシュートを打ち、その成功率は何%か。ある選手はどの位置からのシュートがもっとも成功率が高いか。すべてのプレーをデータ化し、集計して分析する。

アメリカンフットボール同様、監督やコーチ、選手にとってプラスアルファのデータとなるばかりでなく、観客にとっても新しいエクスペリエンスが提供される。このデータが、一般の人たちに無料でオープンデータ化されているからだ。

選手別のデータ、チーム別のデータがインターネット上に掲載されていて、サードパーティがアプリをつくり始めている。こうしたアプリに親和性の高い若年層のファンが増えている。アメリカのスポーツ界はファンの高齢化が問題になっていたようだが、この試みによって若年層のファンが増え、放映権料が上がったという。

おそらく、オープンデータ化を始めたときは、放映権料が上がり、収益にまで貢献するとは思っていなかったはずだ。走りながらチャレンジし続けることで、新たな価値が生まれたのだ。

スポーツに限らず、ＩＣＴ投資をするにあたってリターンの数字を尋ねる経営者は多い。しかし、これは新たなチャレンジのブレーキとなる。

新たな価値が生まれるかどうかは、やってみなければわからない。アメフトやバスケの事例のように、デジタル化によって顧客に新たなエクスペリエンスを提供できるのであれば、やらないよりはやったほうがいい。はじめはあまり収益性を重視せず、一歩踏み出すことが重要だ。

欧米では、スポーツ業界のトップもデジタル化に前向きになっている。今後、あらゆるデータを集めていくことで、想像もしなかった活用方法が出てくるかもしれない。

4 付加価値の創出こそデジタル変革の本質

デジタルはコスト削減ツールから価値創出ツールへ

人の経験と勘に頼って行われてきた企業のアナログプロセスをデジタル化し、それによって得られたデジタルデータを活用して生産性を高め、新たな付加価値を創出する。これがデジタル変革の本質である。

人口減少がますます進んでいく日本で経済成長を続けていくには、生産性の向上が絶対に欠かせない。**デジタル化は、日本の成長戦略の起点といっても過言ではない。**

これまで日本企業が取り組んできたデジタル化を振り返ると、デジタルが単なる業務の効率化、あるいはコスト削減ツールにとどまっていたように見受けられる。

１９９０年代の終わりから２０００年代の初めにかけて、多くの企業でパソコンが一人に１台支給されるようになった。この状態が定着することが、企業のデジタル化であると多くの人が考えた。

企業の従業員が手作業で行ってきた業務の一部がパソコンで代替できるようになったことで、たしかに業務の効率化にはつながったかもしれない。しかし、あくまでも効率化を進めただけであって、新たな付加価値の創出にはつながっていない。なぜなら、**経営者の意思決定はそれまでと変わらず、経験と勘に頼って行われていたからだ**。その根拠となったのは、従来のアナログ情報である。デジタル化による変化は、経営判断の高度化には寄与しなかったのである。

業務の効率化によってコストが削減され、収益構造が改善していくと、あたかも何らかの付加価値が生まれ、それによって収益がアップしたように錯覚してしまう。経営者もその状態に満足し、誤解し、デジタルについてそれ以上深く考えることをやめてしまう。

だが、業務の効率化と付加価値の創出は似て非なるものである。経営者がそれに気づき始めたのは、ＩｏＴの登場とともにデジタルという言葉が盛り上がってきた4年ほど前のことである。いまや、多くの企業がデジタルはコスト削減ツールにとどまらず、付加価値創出のためのツールであると認識し始めている。

ＯＥＣＤが提唱する「データ価値循環」

では、経営判断の高度化とは、具体的にどのような状態を指すのだろうか。

次ページの図はＯＥＣＤが２０１５年にまとめた報告書『ＯＥＣＤビッグデータ白書〜データ駆動型イノベーションが拓く未来社会』（邦訳は明石書店、２０１８年）に掲載された、新たな価値を創出する「データ価値循環」を表現したものだ。

ＯＥＣＤでは、世の中にあるアナログプロセスをデジタル化することを「データフィケーション」と呼んでいる。データフィケーションによってデジタル化されたデータが収集されると、結果として大規模な集積を生み出す。それをビッグデータと呼ぶ。

このビッグデータは、分析されて何らかの解釈を生み出さない限り、役に立たない情報の塊にすぎない。しかし、ＡＩや他のソフトウェアやスキルなどをツールとしてデータが分析され、解釈されると、役に立たなかった情報の塊は「知識ベース」となる。知識ベースとは「時間をかけて学習をして蓄積された知識」を意味する。つまり、バラバラに混在していたデータが何らかの意味を持つ知識に変わるということだ。

意思決定は、この知識ベースをもとに行われる。この意思決定に基づき、企業は行動を起こす。**単なるデータが知識に変換され、意思決定に活用され、企業の行動に影響を与え**

OECDが提唱する「データ価値循環」

データの価値は、データが知識ベースに変換され、それが意思決定に利用されたときに得られる。意思決定に利用された知識ベースは多様なデータを生み出し、新たなデータ価値循環へとつながる。

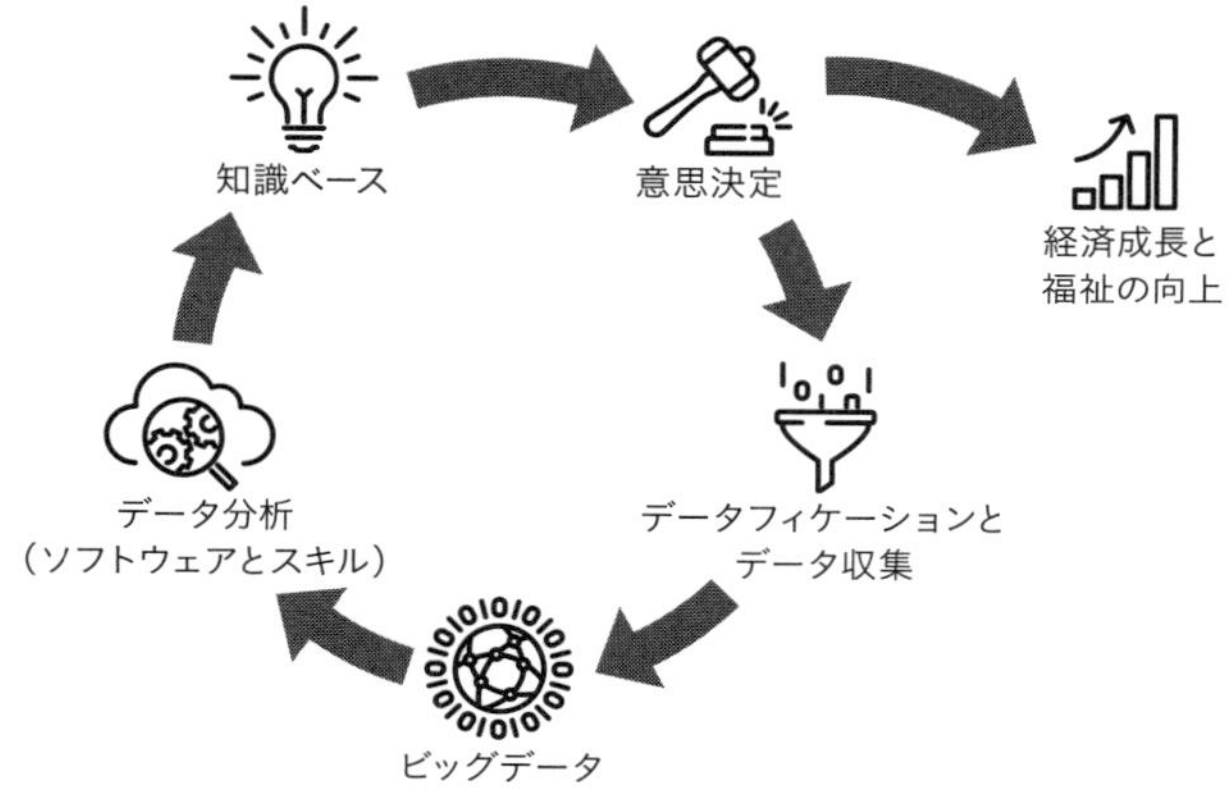

出典：『OECDビッグデータ白書～データ駆動型イノベーションが拓く未来社会』（明石書店）

るときに、初めてデータが価値を持ったといえる。

　データによって駆動される企業の活動は、市場で何らかの付加価値を生み出す。それが経済成長につながり、公共の福祉の向上にも寄与する。その一方で、新たな経済活動は新たなデータを生み、そのデータをデータフィケーションして収集すれば、さらに新たな付加価値が生まれる。OECDでは、政策立案者や意思決定者がこの循環を構築することで、データが最終的にイノベーションにつながるとしている。

アナログプロセスへの気づきが価値創出の第一歩

こうしたループを高速で回していくことで、企業が生み出す付加価値は最大になる。そのためには、どのような視点が重要になるだろうか。

それは、**これまでアナログで行ってきたさまざまなプロセスのうち、何をデジタル化すればこのループに乗せられるか**という視点を持つことだ。その前提として、身の回りにはどのようなアナログプロセスが存在しているかに気づく必要がある。

これまで意識することなく現場から経営サイドに上げていた情報のうち、自社や業界の成長にとって重要なものを考えてみる。そのような視点を持った現場がさまざまなことに気づくことで、企業の生産性を高め、新たな価値を創出する原動力となる。

もっとも、アナログプロセスのデジタル化はそう簡単にできるものではない。人によって着眼点が異なることもあって、隅から隅まで漏れのないように網羅するのはなかなか難しい。ここでは二つの取り組みをご紹介したい。はじめは、戦略系コンサルティングファームのマッキンゼー・アンド・カンパニー（McKinsey & Company）のレポートである。

情報の漏れがデジタルの非効率性を引き起こす

このイラストは、製造現場で見逃されているアナログプロセスを見つけ、それをデジタル化することの大切さを示したもの。丸印が非効率性を引き起こしているアナログプロセス。

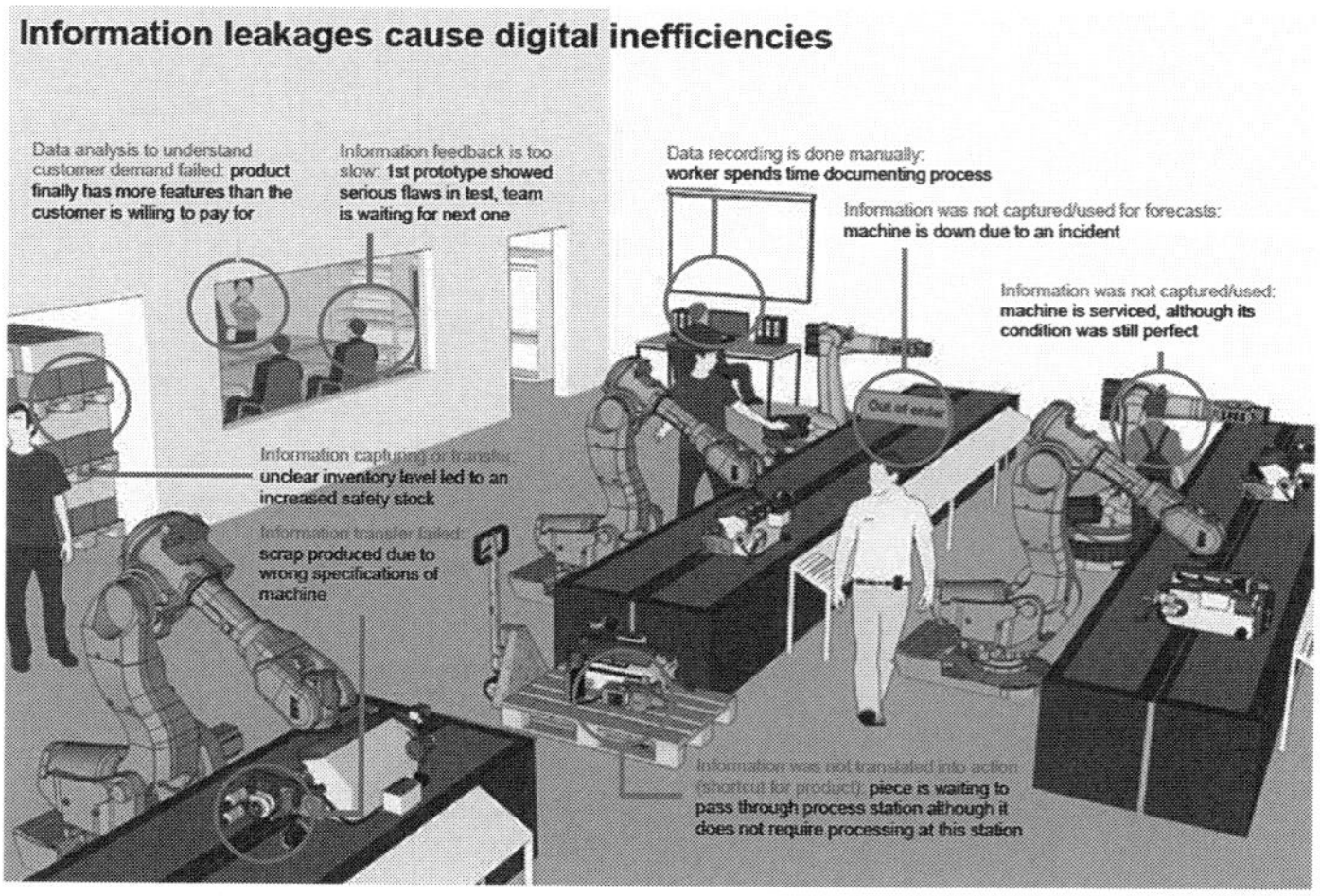

出典：McKinsey & Company

上のイラストに描かれた工場のなかで、丸印が付いているところがアナログプロセス、またはデジタル化が不十分なプロセスだ。

作業員がデータを手作業で記録している。データが取得されていないため、機械が故障したままになっていたり、逆に状態のよい機械が整備されたりしている。情報が機械にうまく転送されず、スクラップが発生している……。

デジタル化の第1ステップは、これらの丸印に気づくことだ。大きなところからスタートしなくても、こういう小さなところにもアナログのプロセスが膨大にあると認識することが重要だ。

意識しなければ、気づくことは難しい。

経験と勘に頼っている職人の仕事や、長年慣れ親しんだ仕事をデジタル化するとき、その仕事に従事している人たちに「どのような経験と勘に頼っていますか?」「デジタル化できそうなところはありますか?」と質問しても、まともな答えは返ってこない。経験と勘は体の中に埋め込まれているし、慣れ親しんだ仕事も無意識に体が動いてしまっているから、それを意識レベルに上げるのは至難の業なのだ。

しかし、いずれも言われてみれば当たり前のことばかりのはずだ。機械の稼働情報を共有していないよりも、データ化して全社でリアルタイムに共有し、然るべき部署が適切なタイミングでメンテナンスしたほうがいいに決まっている。

ＩｏＴは、言われてみれば当たり前のことをデータとして上げてくる。先ほどのスポーツの事例を持ち出すまでもなく、スポーツをデジタル化したところで「そんなのわかっているよ」となる。当たり前だ。アナログでとらえていたものをデジタル化しただけなので、その事実自体は同じものだからだ。

ただ、デジタル化すれば分析が可能となり、その過程で新たな価値を生み出す可能性が高まる。アナログでは、それは期待できない。

では、気づく方法はあるのか。それは頭を柔らかくするしかない。人間は既成概念にしばられる生き物なので、それを取り払うことでしか気づくことはできないからだ。

アナログタスクを洗い出した「スマート建設生産システム」

もう一つの取り組みが、産業競争力懇談会（COCN）の「スマート建設生産システム」である。3年ほど前に私が関わったもので、鹿島建設を主幹事としたプロジェクトチームが取り組み、レポートをまとめている。その一部が次ページの図である。

建設業界には企画・設計、製造・物流、施工、維持管理など、実に多くの業務がある。このプロジェクトでは、それら川上から川下までの業務フロー全体を五つの階層（レイヤー）に分類したうえで、各階層で行われている作業工程を洗い出し、何をデジタル化すれば労働生産性と安全性を向上できるのか、さらには品質や工期などの社会ニーズに柔軟に対応できるのかを議論していった。

専門的な内容なのでごく一部を紹介するにとどめるが、ここでご理解いただきたいのは、**既存業務のアナログタスクを棚卸しすることによって、デジタル化を組織的に進めること**

スマート建設生産システムのイメージ

スマート建設生産システムとは、BIM（ビルディング・インフォメーション・モデリング）などの建設データ基盤にIoTで収集した建設・運用時のデータを連携させることで、ICTを有効活用するシステム。

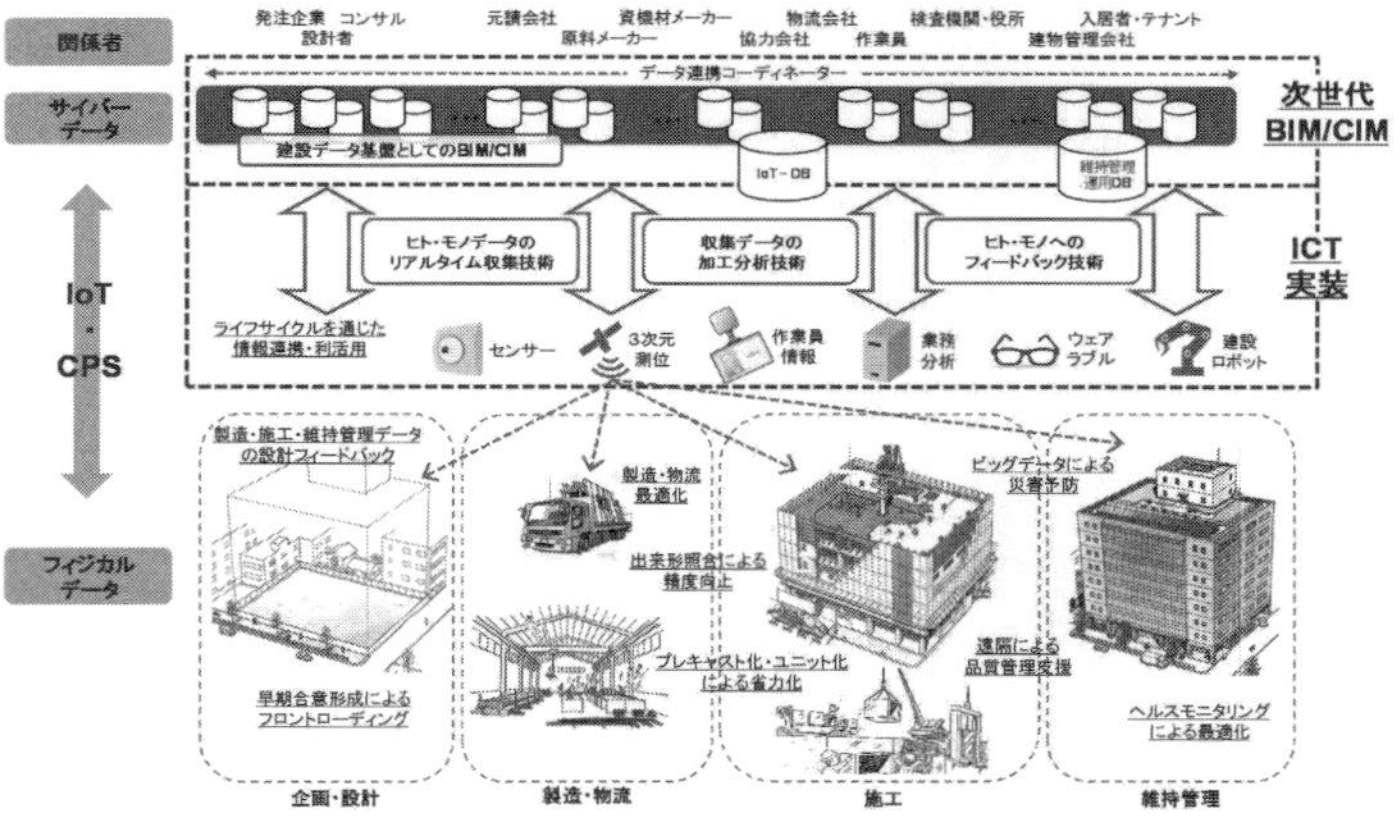

出典：「産業競争力懇談会　2015年度プロジェクト最終報告」

は可能だということだ。

次に挙げるのが、川上から川下までの工程を技術領域で分類した五つの階層だ。

①アプリケーションレイヤー…建設プロジェクトに関わるさまざまなデータを三次元モデルに集約・統合し、建設に関わるすべての人が利用するアプリケーションを提供する

②データ収集・蓄積・制御レイヤー…現場のあらゆる情報を収集・蓄積・管理して建設モデルにマッピングする領域と、アプリケーションからの指示

をユーザーインターフェースや建設ロボットなどに発信し制御する領域がある

③デバイスレイヤー…現場の建設ロボットや建機、工具、現場に設置されるセンサを搭載した機器などからデータを収集したり、制御を実行したりする

④センシングレイヤー…現場に設置するセンサや、人に装着するウェアラブルデバイスなどから、現実に起こっているデータを取り込む

⑤通信レイヤー…デバイスレイヤーやセンシングレイヤーとクラウドの間を、有線・無線技術を使って情報通信する

このうち、アナログプロセスのデジタル化に直接関連するのは「③デバイスレイヤー」と「④センシングレイヤー」である。

デバイスレイヤーでよく知られているのは、コマツが提案するICT建機を利用することで、アナログの建設作業をデジタル化して自動化することである。それに関連するものとして、次のようなデジタル化が考えられる。

③デバイスレイヤー

- 無人ヘリやドローンを使用し、建設現場の地形を三次元データ化する

●施工完成図面を三次元データ化する
●地盤・地下などの測量データをデジタル化する
●施工計画のシミュレーションをデータ化する
●知能化されたICT建機を使って施工する
●ICTを使って収集した現場の情報を調書や納品書に加工する

④センシングレイヤー
●モービルマッピングシステム…車にレーザ・カメラを搭載し、走行しながら地形や物体の三次元観測を行い、そのデータをデジタル化する
●航空写真測量…航空機から撮影された画像をデジタルデータ化する
●全周囲画像撮影…360度カメラの連続撮影画像をデジタルデータ化することで、従来の二次元管理を三次元で行う
●各種センサ（距離・加速度・温度・振動・圧力など）を単独、あるいは複数を組み合わせて使うことで、建設現場のあらゆる現象をデジタルデータ化する
●ウェアラブルデバイスに各種センサを組み込むことで、作業者の動きや体調、作業環境などをデジタルデータ化する

ここに挙げたのはほんの一例だ。現場の作業工程をつぶさに検証していけば、どのようなアナログプロセスがあり、それをデジタル化できるかどうかがわかる。このようにして細かい作業を重ねれば、どのような業界、どのような企業でもアナログプロセスは明確になるはずだ。

このプロジェクトに関わって改めて認識したのは、建設業界がアナログの権化のような世界だということだ。しかし、その建設業界でさえ、デジタル化を本気で考え、実行に移し始めている。

なぜ彼らはこのプロジェクトを行ったのか。それは、現在330万人いると言われる建設技能労働者が今後100万人減ると予測されているからだ。いまと同じ仕事のやり方をしていると、業務が成り立たなくなるのは目に見えている。デジタル化できるところはデジタル化し、人手不足を補うというコンセンサスができている。

他の業界も、対岸の火事と傍観してはいられないはずだ。人手不足はどのような業界にも必ずやってくる。そのなかで生産性を上げて付加価値を創出するには、どうあってもこうした作業を行い、デジタル化を進めなければならない。

仕事のプロセスの棚卸しを行い、現在の業務のなかにどのようなアナログプロセスが存在しているのか。これをリストアップすることから始めてみてはいかがだろうか。

日米の産業別労働生産性と付加価値シェア

2010〜12年におけるアメリカの労働生産性水準の平均を100として、日本の産業別の労働生産性水準を示したもの。アメリカを上回っているのは化学と機械のみ。

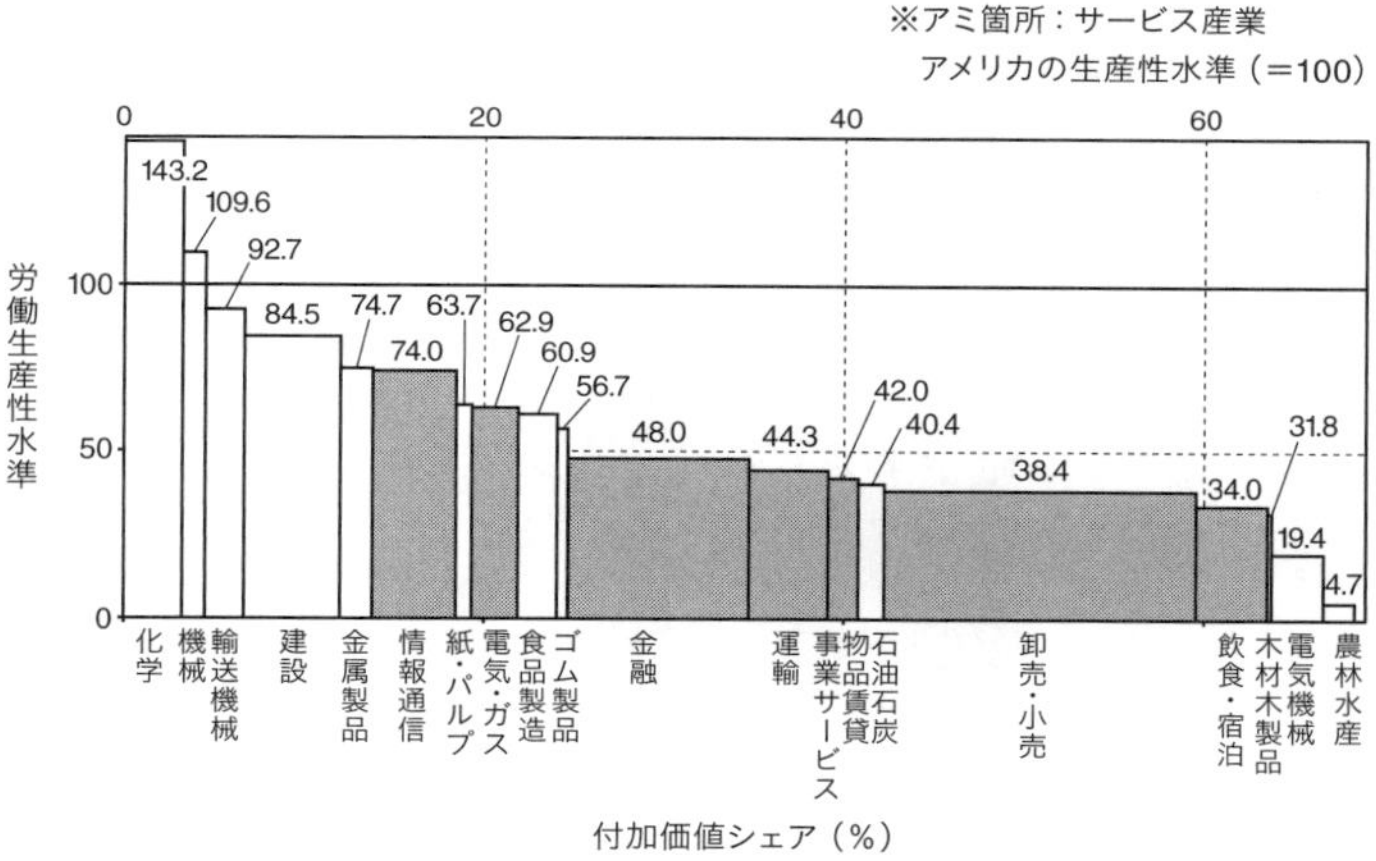

出典：日本生産性本部「日米産業別労働生産性水準比較」、2016年12月

生産性の低さはチャンスでもある

上図は、日米の産業別労働生産性を表したものだ。アメリカの生産性水準を100とした場合に、日本の生産性がどの程度の水準なのかを示している。

一見してわかるのは、日本の生産性の低さである。化学と機械は日本がアメリカを上回っているものの、その他の産業では軒並み下回っている。とくにグレーのアミをかけたサービス産業ではその傾向が

大企業と中小企業の生産性

2015年度における大企業と中小企業の労働時間1時間当たりの付加価値額を示したもの。各業種とも中小企業は大企業を下回っており、もっとも差が大きい製造業では大企業の56％にとどまっている。

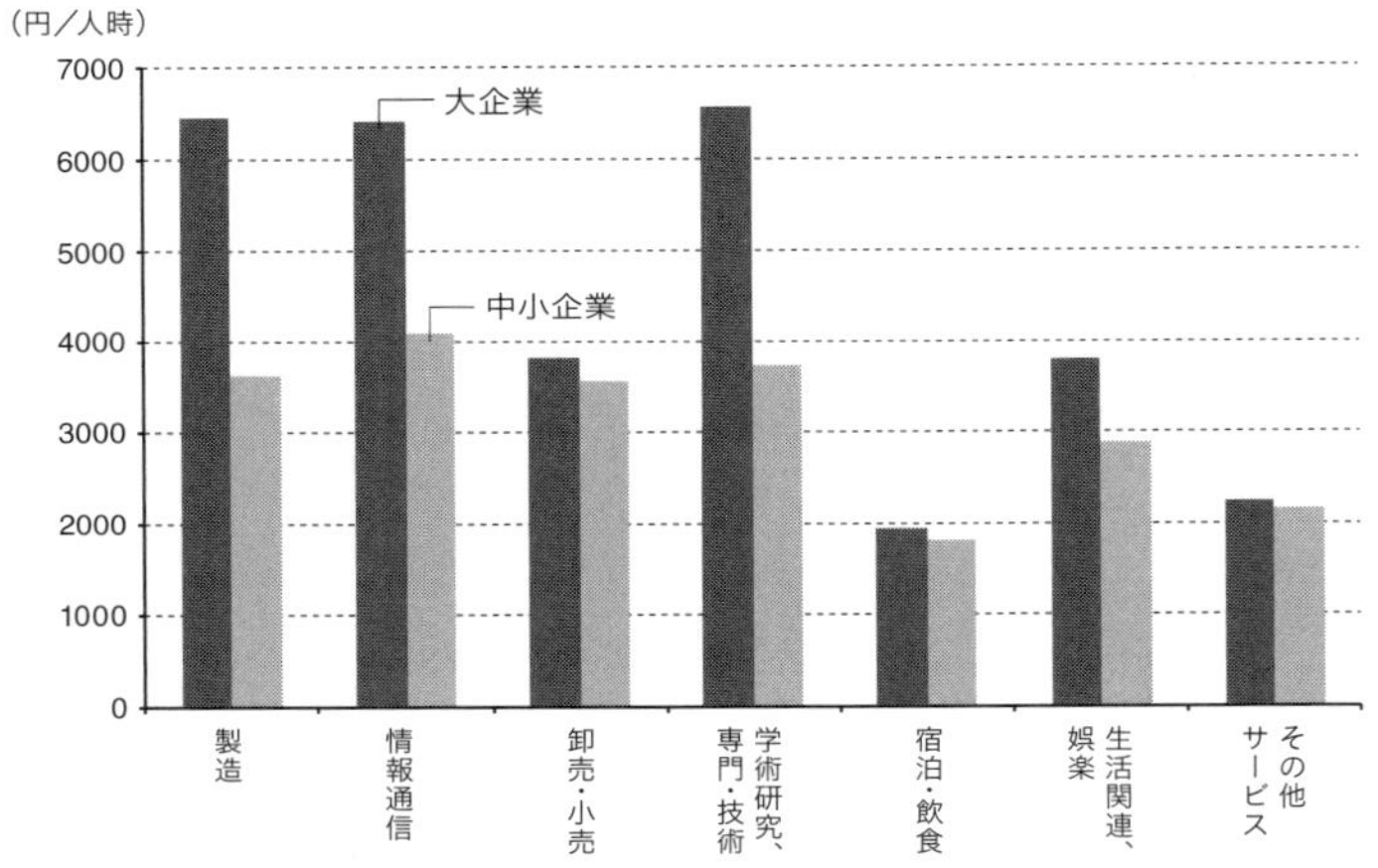

出典：中小企業庁「2018年版　中小企業白書」

顕著で、生産性がもっとも高い情報通信でも74・0%、金融は48・0%、卸売・小売は38・4%、飲食・宿泊は34・0%となっている。

これは逆にいえば、チャンスでもある。生産性が低いということは、生産性を上げられる余地が大きいということだ。デジタル化によって生産性を上げれば、さまざまな業界が活性化していく。

次に、上図は、国内の大企業と中小企業の生産性を比較したものだ。

各業種の2本の棒グラフを

比べれば明らかなように、どの業種も中小企業の生産性は大企業を下回っている。とくに「製造」「情報通信」「学術研究、専門・技術」といった生産性の高い業種ほど、大企業と中小企業の生産性の差が大きいことが見て取れる。

私は、これを中小企業を揶揄《やゆ》する目的で出しているわけではない。むしろ、**生産性の低い中小企業が積極的にデジタル化に取り組めば、日本企業全体の生産性が上がり、日本全体が元気になる**という根拠にしている。

実際、私は講演などで各地の中小企業の経営者と意見交換をする機会も多い。そこでお会いする経営者の方々はみな勉強熱心で、なんとか業績を上向かせようと経営に取り組んでいる。こうした経営者の方々に私がご提案しているのが、小さなところからでもデジタル化に踏み出してみることだ。中小企業のデジタル化にビッグデータは必要ない。さしてお金をかけずにデジタルを取り入れるだけでも、業績が改善するケースが多いのである。

牛の発情期を検知する畜産業の試み

生産性向上は、あらゆる業種に関連する。

およそ10年前、島根県のＩＴ企業の畜産農家に対する試みを知り、興味を持った。それは、牛の発情期を知るためのデジタル化の仕組みだった。

畜産農家は、牛の発情期を知りたがる。畜産業では、牛という資産の回転率が経営効率を決定づけるため、発情期を把握することが経営課題となるからだ。

発情した牛が勝手に交尾し、確実に仔牛を産んでくれれば苦労はない。しかし、確実に仔牛を産ませるには人間の手助けが必要だ。手助けがないと、なかなか商品としての仔牛にはならない。畜産農家の人たちは、発情期の牛から目を離すことができない。畜産農家として他の仕事もたくさんあるなか、常時監視するのは大きな負担になっていた。

そこで、牛の発情期を確実に、しかもリアルタイムに知るための手段として、雄牛に加速度センサを取り付けた。

柵の中で放牧されている雄牛は、発情すると交尾をするために雌牛を追いかける。雌牛は逃げる。柵の中から出られないため、追う雄牛と逃げる雌牛の動きは柵の中で円運動を描く。加速度センサはその円運動をとらえ、遠隔で監視している畜産農家が把握する。

その後、ようやく雌牛に追いついた雄牛は、交尾を行うため雌牛に覆いかぶさる。そのとき、雄牛の加速度センサは垂直運動を示す。つまり、加速度センサが円運動のあとに垂直運動を示したとき、ほぼ確実に牛が発情したことがわかる仕組みだ。

発情期よりさらに畜産農家の負担が大きくなるのが出産時期だ。牛の出産ではかなりの確率で事故が起こる。仔牛が1頭死んでしまうと、畜産農家の経済的損失は大きい。したがって、やはり人間の目で監視することが必要だった。

交尾は日中の時間帯にほぼ限定できるので、負担は軽減できる。ところが、出産は昼夜問わず起こり、始まったらいつ産まれるかわからない。少しの間も目が離せなくなり、畜産農家の負担は計り知れないほど大きかった。

そこで、出産のタイミングに雌牛に体温変化が起こる習性を利用し、雌牛に温度センサを埋め込むことで出産のタイミングを的確に教えてくれる「モバイル牛温恵《ぎゅうおんけい》」というシステムが登場した。

仕掛け人はNTTドコモの「アグリガール」だ。

アグリガールは、NTTドコモの女性社員から始まった農業ICT推進プロジェクトである。ICTと生産者をつなぐことで、農業や畜産業のアナログプロセスをデジタル化し、生産性を向上させる狙いがある。

2014年に社会課題を解決する視点をビジネスに取り入れる目的で立ち上がったプロジェクトで、当初は女性2人から始まったが、現在は100人を超える。

アグリガールは、畜産業者のニーズに共感し、「モバイル牛温恵」を開発した大分のI

Ｔ企業リモートとＪＡ（農業協同組合）と組んで、顧客である畜産業者に新たな価値を提供している。「モバイル牛温恵」は1セット約50万円するが、飛ぶように売れているという。

この取り組みが成功したポイントは、顧客である畜産業者に寄り添いながらニーズを拾い上げ、ＮＴＴドコモ、大分のＩＴ企業、ＪＡという強力なエコシステム（生態系）をつくり上げた正統型のビジネス創出にある。ただ、**畜産業の肉牛部門に「市場原理」が根づいており、創意工夫する経営者が多いことも大きい。**

乳牛は牛乳の流通が滞ると国民の生活に大きな影響があるため、国からの補助金が必要不可欠である。稲作も同じ発想で補助金が重要だ。そうなると、生産性を上げても上げなくても補助金によって経営に困ることはないから、新しい取り組みに積極的にならない。

一方、肉牛は輸入肉との競争にさらされていることもあり、自助努力で経営を成り立たせるしかない。しかし逆に考えれば、自分たちで工夫すればするだけ儲かる仕組みになっている。だからこそ、生産性を上げられる投資、効率化を図れる投資、付加価値を高められる投資には積極的に取り組むマインドがあったのだ。

お笑い劇場が導入した「ペイ・パー・ラフ」

お笑いといえば、完全なアナログの世界だ。そこにデジタルを導入したスペインのお笑い劇場の試みに衝撃を受けた。システム名を「ペイ・パー・ラフ（Pay-Per-Laugh）」と言う。

モデルとしては単純だ。お笑い劇場を訪れた観客が、1回笑うごとに課金するモデルである。座席の背面にタブレットを設置し、タブレットに搭載されたカメラで目の前の観客を撮影し、笑顔を認識させる。上演中にその観客が何回笑ったかがリアルタイムでわかる仕組みだ。1回笑うと30セントを課金。80回までは回数ごとに課金され、80回を超えると24ユーロを上限にフィックスされる。それ以上かかることはない。実証フェーズだったが、2年間ほど実施された。観客の顧客満足度が上がり、売り上げも30％増加したという。

この取り組みを知り、二つほど考えさせられた。

一つ目は、単に思いつかなかったということだ。お笑い劇場で1回笑うごとに課金するというアイデアを思いつけば、研究室の学生に言えば喜んでシステムを開発してくれそうだ。しかし、そもそもそんなアイデアを思いつかなかったことが、一つ目の反省である。

二つ目は、私がお笑い劇場の支配人だったとしたら、若いスタッフが「ペイ・パー・ラフ」のようなアイデアを持ち込んできたとき、どのようなリアクションをするかという点だ。おそらくこう言うのではないか。

「きみのアイデアはとても面白いけれど、リスクがあるな」

なぜなら、劇場に笑いに来ている観客に笑うたびに課金したら、素直に笑えなくなってしまうのではないかと考えてしまうからだ。率直な感想として、この劇場の支配人はよくＧＯサインを出したと敬意を表したい。

この私のネガティブな考え方は、デジタル化に対する取り組み姿勢を表している。保守的に考えると、さまざまなリスクが出てくる。そのリスクを真面目に評価してしまうと、実行するモチベーションがなくなる。リスクを挙げるのは簡単だ。肝心なのは、そのリスクを飛び越えて、まずはやってみることだ。それを教えられた事例だった。

２０３０年にはデジタルが世界のＧＤＰを15兆ドル押し上げる

18世紀半ばから20世紀初頭までに起こった産業革命は、第１のイノベーションととらえられている。その時代に、機械、設備、工場、物理的なネットワークという、いわゆる産業システムが出現した。

その後、20世紀末に起こったのがインターネット革命だ。第2のイノベーションと呼ばれ、情報処理、情報通信システムが登場し、その進化系が現在も続いている。

そして現代、**第3のイノベーションとして期待されているのがインダストリアル・インターネットだ。**これは、産業革命によってもたらされた産業システムと、インターネット革命によってもたらされた情報処理、情報通信システムの融合を意味する。インダストリアル・インターネットを提唱したのはゼネラル・エレクトリック（GE）で、GE自らその取り組みを推進している。

その代表例が、航空機エンジンを製造する部門の取り組みだ。

これまでは航空機エンジンを製造して航空会社に納入して終わりだったビジネスを変革し、エンジンにセンサを取り付け、運航データや部品、システムに関わるデータを監視することによって、メンテナンス上の問題を診断し、予測する。さらに一歩進め、運航データを検証し、燃料消費削減を実現するソリューションを提供する。

この取り組みによって、航空会社が抱える課題、つまりフライトの遅延による年間400億ドルに上る損失の10%に相当する、メンテナンスを原因とする遅延を減少させることに成功した。加えて、すべての運航で18～22%の燃料消費の非効率性を軽減することを目標に掲げている。

ＧＥはＭＲＩやＣＴなどの画像診断装置も製造・販売しているが、臨床における非効率性は年間４２９０億ドルに上る。その原因として挙げられるのは、医療従事者や医療機器間で情報の連携が行われていないことだった。たとえば、看護師が投薬し、ＭＲＩ技術者が検査し、放射線技師が読影した情報は、即座に共有されていない。

そこでＧＥは、医療従事者や医療機器間で診断、検査、施術、処方などの医療行為に関するデータの連携をスムーズに行う「ケアトラフィック制御」により、プロアクティブ（予防的）な医療を提供するサービスを開始した。

こうしたインダストリアル・インターネットによる労働生産性の年間成長率は、アメリカだけで1・5％、その他の国で0・75％となる試算がある。

1・5％、0・75％という数字だけを見ると、それほど大きなインパクトは感じないのではないだろうか。しかし、その積み重ねが大きな経済効果を生み、２０３０年時点の世界のＧＤＰを約15兆ドル（約１６５０兆円）押し上げると言われている。デジタルのインパクトは、計り知れない水準になる可能性を秘めている。

DATA-
DRIVEN
ECONOMY

第2章 デジタルがあらゆるビジネスを変革する

1 企業のデジタル化はどう進展してきたか

60年前に開発された航空機の座席予約システム

　これまでは、グーグルやアマゾンのように、インターネット上のウェブデータを集める者が勝機をつかんだ。しかしこれから始まる真のデジタル革命では、アナログプロセスにおけるリアルデータを集めた者が勝機をつかむ。

　このリアルデータを抽象的に表現すると「物的資産のデジタル化」となる。これからのデジタル化は、物的資産がカギを握る。

　物的資産のデジタル化で参考になるものとして、航空機の座席予約システムがある。長い間、航空機の座席は顧客からの電話によって予約を受け付け、それを紙に書いて人が手作業で管理していた。そうした状況のなか、アメリカン航空がＩＢＭと共同でセーバー（ＳＡＢＲＥ）という予約システムの運用を開始した。１９６０年のことだ。

とはいえ、航空機の座席にセンサを取り付けたわけではない。センサ技術が進展していない当時、それは不可能だ。単なる大型コンピュータによる予約システムが稼働したにすぎず、本質はあくまでも業務の効率化だった。ただ、これも物的資産のデジタル化と考えていい。**航空機の座席予約システムは、「座席」という物的資産をデジタル化したもの**ととらえることができる。

このシステムが稼働を続け、その間にインターネットが発展してくると、航空機の座席データが他のさまざまなデータと結びつくようになってくる。ホテルの部屋の予約システムや、レンタカーの予約システムとの連携だ。

A地点からB地点への移動に航空機を利用する人がいる。B地点で自動車や宿泊施設の需要が発生した場合、航空機の座席データをレンタカー会社やホテルが利用する。結果として、航空機の座席データに価値が生まれてキーデータとなり、やがてそれがプラットフォームを構成していった。単なる航空機の座席が、デジタル化することで価値を生み出したのだ。

2000年、セーバーはアメリカン航空から分離・独立した。時価総額がアメリカン航空を上回ったからだ。座席という物的資産をデジタル化しただけの会社の時価総額が、本体のアメリカン航空の時価総額を上回ったということは、デジタルの価値をあらためて考えるきっかけとなる。

シェアリングエコノミーも、すべて物的資産のデジタル化と考えられる。自動車をデジタル化したのがウーバーテクノロジーズ（Uber Technologies）、空き部屋をデジタル化したのがエアビーアンドビー（Airbnb）である。

その他、客室、会議室、倉庫などもすべて物的資産である。これらをデジタル化した一つのサービスがシェアリングエコノミーだ。シェアリングエコノミーが多くのユニコーン企業（評価額10億ドル以上の非上場のベンチャー企業）を生み出していることからも、いまだデジタル化されていない物的資産に気づくことが大切だ。

PLCから始まった製造業のデジタル化

PLC（Programmable Logic Controller）は、センサとコンピュータとアクチュエータ（工作ロボットを動かす機構）をつなぐ役割を果たすマイコンである。そのマイコンが、1968年にゼネラルモーターズ（GM）に導入された。

それまでマニュアルによる手作業で組み立てられていた自動車工場が、センサが取得したデータをもとにロボットを動かすことによって自動化された。自動車産業全体の生産性が大幅に向上したのはＰＬＣのおかげである。ＰＬＣがなかったら、工場の自動化は起こらなかった。まさにアナログプロセスのデジタル化である。

ただし、この革命的な役割を果たしたＰＬＣは、技術的に革命的だったわけではない。機械を制御するための単なる小さなマイコンで、とりたてて驚くほどの技術は搭載されていない。むしろ空気のような存在で、一度導入されてしまうとなかったときのことは想像できない。

トランジスタの発明はノーベル賞を受賞するほど派手なものだったが、ＰＬＣは非常に地味だ。イノベーションと呼ぶにはあまりにも知名度が低い。しかし、世の中に与えた影響は計り知れない。一般の人はＰＬＣを知らなくても生きていけるが、製造業はＰＬＣがなければいまの姿はない。地味だが、隠れたイノベーションといえる。

デジタルも、同じような感覚でとらえるべきだ。

デジタルが裏で動き始めることで生産性が上がっていくが、**それは一気に変わるものではなく、じわじわと変わっていく**。どこがどう変わっていくのか、ほとんどの人は気づかない。頭を柔軟にし、固定観念や既成概念を取り払わなければ、こうした破壊的イノベーションには気づくことができない。

Web2・0で加速したウェブデータの収集

大型コンピュータがミニ・コンピュータ（ミニコン）に、さらにワークステーションに「ダウンサイジング」し、その後1990年代半ば以降はパソコンが一人1台にまで普及することによって、オフィス業務がデジタル化されていった。その少し前からインターネットが普及し始め、Web2・0につながっていく。

Web1・0は、新聞のようなものである。ウェブサイトをユーザーの閲覧に堪《た》えられるように、事業者側は単に情報を出すだけだった。ユーザー側も、情報を見るだけで満足していた。

これに対して、2005年にティム・オライリーが提唱したWeb2・0は、七つの特徴を持つとされる。

①ユーザーによる情報の自由な整理…ウェブのページ構成やコンテンツの整理方法がユーザー主導になる
②リッチなユーザー体験…動的かつインタラクティブなページ
③ユーザーの貢献…レビューや評価でコンテンツを構成

④ロングテール…ニッチ商品・サービスでビジネスを成立させる
⑤ユーザーの参加…サービス開発・改善へのユーザーの寄与
⑥信頼されるコンテンツ…相互信頼で知を共有
⑦分散ネットワーク…ネット経由でサービス・プログラムの交換・利用

このなかで、④のロングテールはわかりやすい。アマゾンの成功で注目されたマーケティング手法で、売れ筋商品の売り上げをほとんど売れない商品の集まりが上回る現象である。ウェブにおいても、ニッチを含む幅広いコンテンツを用意しておくことで、ビジネスがうまくいくという発想は理解できる。⑤のユーザーの参加も、SNSによってコンテンツの質が高まっていくという意味でわかりやすい。

しかし、私はこの七つに分類する意味がよくわからなかった。もっと簡単に言えないものかとずっと考えていた。思い当たったのは、データを集める視点だ。

この七つの分類は、ユーザーの立場に立った視点で述べられている。だが、逆に**事業者側から見ると、ユーザーがウェブに関わることで生み出されたデータを集めている。**Web2・0は、事業者側から見るとデータを集める視点が重要になる。コンテンツと行動情報を集める機構をつくった者が勝つ時代に入った。私は、Web2・0をそのような観点でとらえている。

Ｗｅｂ２・０の進展によって、コンテンツを集める機構はフェイスブックなどのソーシャル化に近く、行動情報を集める機構はアマゾンなどのパーソナライゼーションに近くなった。そのため、多くの企業がグーグルやアマゾン、フェイスブックのプラットフォームに群がり始めた。彼らが持つウェブデータを目当てに、ゲーム業界から位置情報を扱う会社まで、さまざまなサードパーティがつながってくる。

ゲーム業界にいるサードパーティは、すべてグーグル、アマゾン、フェイスブックが発信した情報を利用してコンテンツを開発している。したがって、グーグル、アマゾン、フェイスブックのプラットフォームに接続しないと、仕事ができない。

大量のセンサが生み出すリアルデータ

２０１３年、アメリカの技術者ヤヌシュ・ブリゼックが主導する第1回「トリリオン・センサ・サミット」が開催された。ブリゼックは、トリリオン（1兆個）を超えるセンサを社会に張り巡らせることによって、地球上の社会問題を解決しようとする「トリリオン・センサ・ユニバース」という概念を提唱した。このサミットは、10年以内にその実現

トリリオン・センサのビジョン

2013年の年間センサ需要のおよそ100倍に当たる1兆個のセンサを10年以内に社会に張り巡らせ、その後もセンサを増やしていく構想。グラフ中の社名は各社の予想。

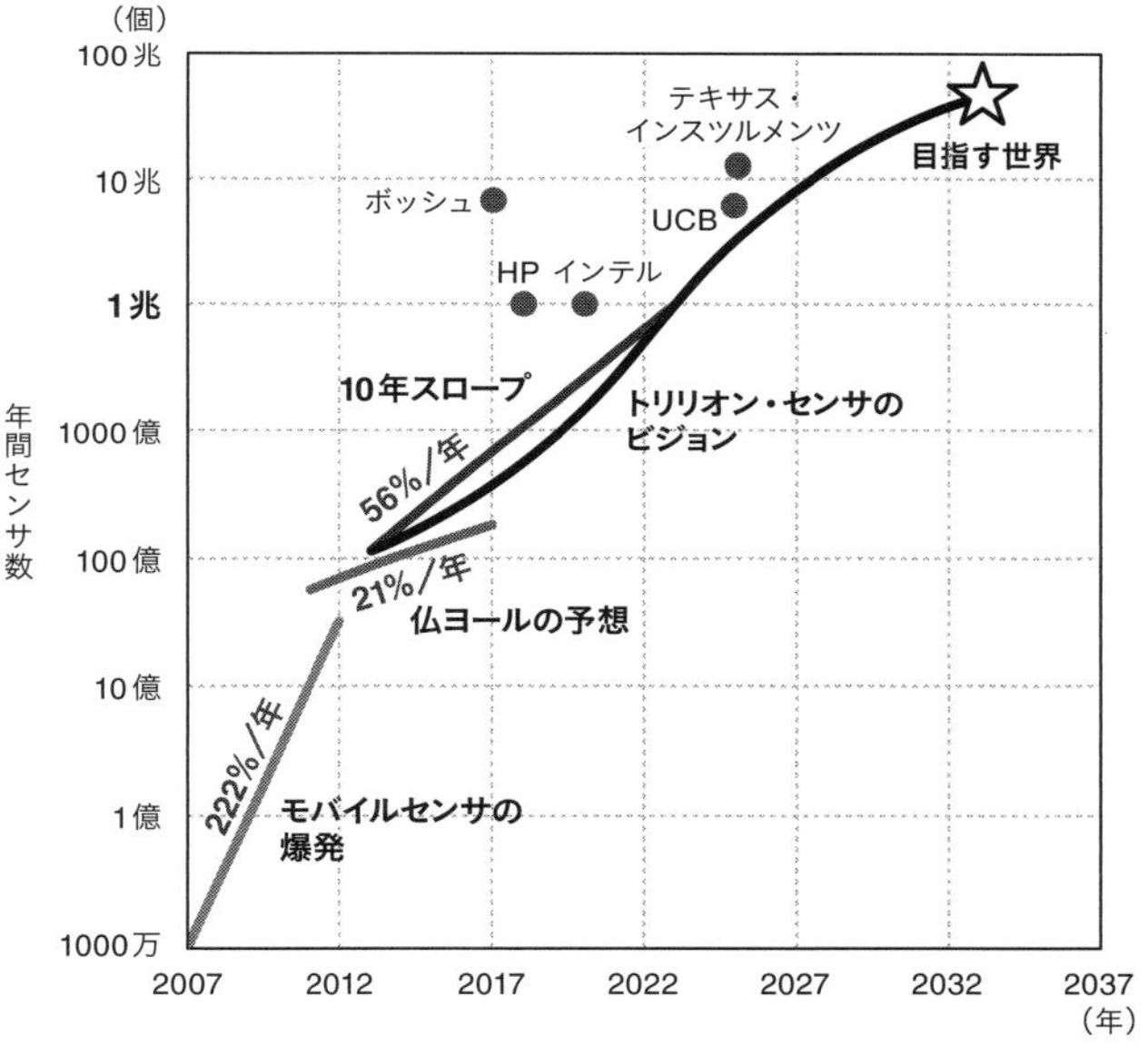

出典：TSensors Summit "Trillion Sensors Visions"

を目指す産学連携の国際フォーラムである。

前ページの図からもおわかりのように、**これからはありとあらゆるモノにセンサが設置されていくことになる。**そうなると、それぞれのセンサが取得したリアルデータがすべて上がってくる。これまでのウェブデータでは不可能だった、ネットワーク接続がないような環境のリアルデータまで取れるようになっていく。これがM2Mである。M2Mとはマシン・トゥ・マシンのことで、人によって生成されたデータではなく、機械やセンサから自動的にデータが生成されることを言う。

2007年から2012年まで年率222%で伸びているのは、モバイルセンサである。スマホの普及によってセンサの価格が急激に下がったことで、センサの設置が進んだ。デジタルにおけるスマホの影響力は大きい。

20年ほど前、すでに「スマートダスト」という言葉があり、塵のようにセンサがばら撒かれている状態を予測した人もいた。まもなく、それが現実のものとなる。

そういう時代になったら、たとえば山火事などの災害が起きたときに、そこにドローンを飛ばして小さいセンサをばら撒き、地表の状態を観測したデータを分析して消火活動に役立てることも可能になる。もちろん、将来的には土に還る素材でできたセンサになっているはずなので、ばら撒いたセンサが自然に優しいのは言うまでもない。

2 デジタルが企業に「再定義」を促す

すべての企業に「事業領域の再定義」が求められる

次ページの図は、名目国内生産額の産業別構成比を表したものである。このうち、情報通信産業は94・4兆円、全体に占める割合は9・6％だ。これまでのITビジネスは、この9・6％のところだけで仕事をしていた。しかし、これからさまざまな産業でリアルデータが取得されるようになっていくと、残りの90・4％もすべて対象となる。市場規模が現在の10倍にも膨れ上がるということだ。

そういう意味では、すべての産業にICTが入り込み、それぞれの事業領域で自らのビジネスの再定義が必要になる。企業はどう変わっていけばいいのか。現時点で明確な答えは出ていないが、**有力なのは「モノのサービス化」である。**

デジタル化の進展で、これまでの事業立地が滲み出し、じわじわと広がっていくような

名目国内生産額の産業別構成比

情報通信産業は全体の9.6%を占めるが、さまざまな産業でリアルデータが取得されるようになっていくと、残りの90.4%もすべて対象となる。

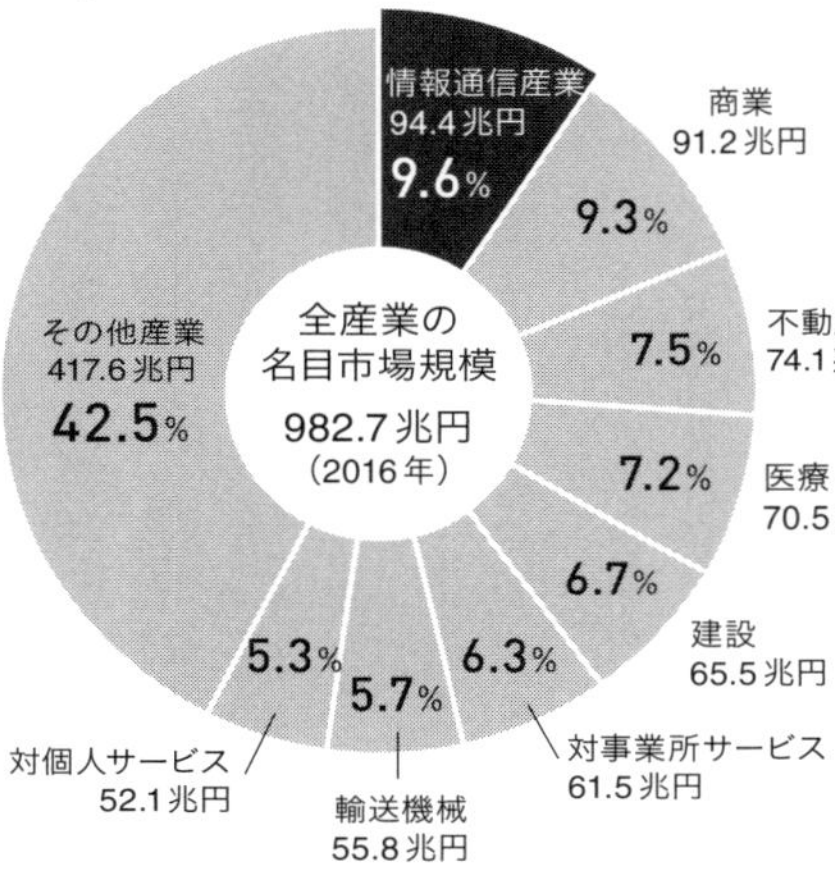

出典:総務省「平成29年度　ICTの経済分析に関する調査」

イメージになる。事業立地とは「誰に何を売るか」という各企業のポジショニングを指す。事業立地が広がるということは、いまいる事業立地から別の事業立地にも進出せざるを得ないということだ。したがって、その事業立地で戦うライバルは、いままでとはまったく異なるプレイヤーになる可能性がある。

そうなると、これまではある程度予測できたライバルとの戦い方が通用しなくなり、まったく別の戦い方を強いられる。そもそも、誰がライバルになるかさえわからない、そんな世界になる。

次ページの図をご覧いただきたい。

上に航空会社のロゴ、下に航空機メーカーごとの機体を掲載している。

私たちは、飛行機に乗って国内各地や海外に行くとき、一部の航空機マニアを除けば、基本的に航空機メーカーではなく航空会社で選んでいる。日本航空や全日空が好きだから選ぶのであって、実際に乗る航空機がエアバスA380だろうが、ボーイング787だろうが、あまり気にしない。逆に、A380に乗りたいから日本航空や全日空を選ぶという人はいない。競争の舞台は上側のレイヤーになる。

しかし自動車業界は逆だ。トヨタが好きだから、トヨタであればどんな車でも構わないという人はいない。レクサスに乗りたい、日産のGT-Rに乗りたい、アストンマーティン（ASTON MARTIN）のDB11に乗りたいという好みで車を選ぶ。競争が行われているのは、下側のレイヤーだ。

しかし、これからは上側のレイヤーで競争が起こるようになるかもしれない。その起爆剤となったのがウーバーテクノロジーズである。

カーシェアリングを展開するウーバーテクノロジーズは、自動車メーカーではない、まったく新しいプレイヤーだ。ウーバーに配車を依頼するとき、多くの人は車種を細かく

航空会社と航空機メーカーの階層

飛行機の利用者は、航空機メーカー(下側のレイヤー)ではなく航空会社(上側のレイヤー)で選ぶのが一般的である。これと同じように、自動車を選ぶ基準も、今後は上側のレイヤーに移行していく可能性がある。

写真提供：Shutterstock

指定したりしない。せいぜい、ウーバープレミアムだと高級車が来たり、ウーバーエコノミーだと小型車が来たりする程度だろう。

これは、いわゆる事業立地の問題で、**いままでの事業立地だけを見てビジネスを考えていると競争に勝てなくなる**。いままでは考えてもいなかった事業立地を、頭の片隅に置いておかなければならない。

デジタルが企業に再定義を促すといっても、再定義をしてから行動するのではなく、デジタル化に取り組むことによって何かが生まれ、それをもとに再定義をしていくということだ。いまは、再定義に向かうまでのプロセスの只中にいる。

事業立地も、5年後、10年後には確実にいまとは変わっているはずだ。それを後押ししているのがデジタルだ。どこに向かっていて、どのように変わっていくかはわからないけれども、デジタル化はやらなければならない。動かなければ負けてしまう。いまやっているデジタル化の方向性が果たして正しいかどうかもわからない。結果的に何も得られないかもしれないし、むしろマイナスかもしれない。

それでもデジタル化に突っ走っているのが欧米の経営者である。なぜなら、確実にデジタル化が進むことをよくわかっているからだ。しかし、日本企業の経営者は、欧米の経営者に比べてワンテンポ、ツーテンポ遅れている。

結果として、デジタルが企業に再定義を促すのは、思わぬ競合が自分の事業立地に参入してきたり、これまで競合として戦っていた企業がデジタルを導入し、先に新しいサービスを押さえてしまったりするからだ。

デジタル化は不可避であり、結果的にこれからはいろいろな業界・業種が領域を広げていく。そのため、これまでの競争相手以外と戦わなければならなくなり、結果として否応なくデジタルを使ったビジネスに乗り出さなければならなくなる。

企業がサブスクリプションに乗り出す理由

タイヤメーカーのミシュラン（Michelin）が始めた新しいサービスが「マイレージ・チャージプログラム」だ。これはペイ・バイ・ザ・マイル（pay by the mile）、すなわち自動車の走行距離に応じてタイヤ使用料を支払うサブスクリプションモデルである。サブスクリプションとはビジネスモデルの一つで、製品やサービスの利用期間に応じて代金を支払う方式だ。

ミシュランは、このサービスを提供することによってイノベーションのジレンマに陥る。マイレージ・チャージプログラムが普及すればするほど、ミシュランのタイヤの販売数が減り、本流の事業体を侵食していくことになる。

では、なぜそのようなビジネスに乗り出すのか。それは、**乗り出さないと生き残れないから**だ。おそらく本音ではやりたくないはずだ。しかし、サブスクリプションにいち早く手を出しておかないと、他のタイヤメーカーに先んじられたとき、あらゆる収益チャンスを失ってしまう。そのことを、ミシュランの経営陣はよくわかっている。

いま、自家用車を保有する人が減少するなか、自動車メーカーも相次いでサブスクリプションモデルに乗り出している。すでにＢＭＷ、ポルシェ（Porsche）、メルセデス・ベンツ（Mercedes-Benz）、現代《ヒュンダイ》自動車などが毎月定額制で自社のさまざまな車種に乗ることができるサービスを始めている。トヨタ自動車も、２０１９年に自動車サブスクリプションの「ＫＩＮＴＯ」を正式にスタートさせた。

これも、ミシュランと同じ理由で、自動車メーカーは本音ではサブスクリプションなどやりたくないはずだ。サブスクリプションが普及してしまうと、本丸の自動車が売れなくなってしまう。それでもあえて進出するのは、そこに行かないと負けてしまうという危機感があるからだ。

こうしたサービスは、現段階では儲からないかもしれない。だが、顧客のニーズがいままで以上に把握できるようになる。

サブスクリプションに移行することで、顧客の利用データをつぶさに把握できるようになるからだ。何月何日にどの車をどこからどこまで何時間利用したか、その後どんな車種に乗り換えたか、どの顧客がプレミアムサービスに乗り換えたか、どの顧客が解約しそうなのか。こうしたデータをもとに顧客との長期的な関係を築き、将来の成長につなげようと投資している。

ミシュランも、タイヤの走行マイルがわかれば、それ以上の「何か」が付加価値として出てくるかもしれないと考えているはずだ。まだ最終目的すらわからないなか、この取り組みをやってみたら鉱脈にあたるかもしれないという期待がドライブ要因になっている。

このような製品販売からサービス提供業への転換は、もはや「やったほうがいい」ステージではなく、「やらなければならない」ステージに来ている。やったからといって売り上げが伸びるとは限らないが、やらないと負けてしまうのは明らか。そんな時代に入っている。

世界に広がる製造業のサービス業化

サービス業への転換は、タイヤや自動車以外にもさまざまな製造業に広がっている。

オランダに本拠をおくフィリップス（Philips）は、アメリカ・ワシントンＤＣの交通局が募集した25か所の駐車場の照明の入れ替え案件に際し、従来とは異なる形の提案を行った。照明を販売して街に設置するビジネス形態ではなく、ＬＥＤ照明とそのインテリジェント制御、および保守業務をサービスとして提供する提案だ。

２０１４年3月から10年契約を締結し、25か所の駐車場にある1万３０００個以上の照明器具をＬＥＤに交換し、最適な形で制御し、従来の68％の省エネ効果が見込まれるとした。フィリップスは、これまでのように照明というモノを販売するだけではなく、照明全体のシステムをサービスとして提供したことになる。

業務用空調機器大手のキャリア（Carrier）は、これまでは空調機器をつくって売るだけの会社だった。しかし、いまでは「涼しさを提供するサービス」「顧客の空間を快適にするサービス」を提供するのが会社のミッションになっている。新たに提供するようになったサービスとして、断熱建物、照明、省エネの分野がある。

ネオス（Neos）はイギリスの損害保険会社で、契約者から徴収する保険料に、火災報知器やドアのセンサなどの利用料が含まれている。保険契約と同時に各種のデバイスが送られてきて、設置するだけで済む。

顧客は、わざわざセンサだけを買いに電器店やホームセンターに行く必要はない。こうしたビジネスモデルが広がっていけば、家の中にさまざまなセンサを置く家庭が増え、やがてスマートホームが普及するかもしれない。

損害保険会社は、センサのメーカーと協働してデータ分析し、リスクをより確度高く把握することで、保険料を安くすることが可能だ。ＩｏＴは保険業界との親和性が高く、他にも可能性は広がっている。

グローバル・モビリティ・サービス（ＧＭＳ）という日本人が起業したベンチャー企業がある。ＧＭＳは、フィリピンなどＡＳＥＡＮ（東南アジア諸国連合）諸国で自動車ローン業務を営む。通常のルートでは自動車ローンやリースを受けられない低所得者層に、金融サービスを提供する。

その仕組みは、遠隔制御ＩｏＴデバイス「ＭＣＣＳ」を組み込んだ車両を、従来のオートファイナンスの審査に通らない希望者に提供する。もし月額料金の支払いがない場合は、車両を遠隔で停止し、入金を促す。サービスの利用者はタクシーや物流に携わるトラックなどの運転手が対象となる。「モビリティ×ＩｏＴ×フィンテック」で、まじめに働く運転手が正しく評価される仕組みを構築している。

人々の移動手段を一変させるMaaS

ＭａａＳ（Mobility as a Service）、すなわち「サービスとしてのモビリティ」について、総務省はこう定義する。

電車やバス、飛行機など複数の交通手段を乗り継いで移動する際、それらを跨いだ移動ルートは検索可能となりましたが、予約や運賃の支払いは、各事業者に対して個別に行う必要があります。

このような仕組みを、手元のスマートフォン等から検索〜予約〜支払を一度に行えるように改めて、ユーザーの利便性を大幅に高めたり、また移動の効率化により都市部での交通渋滞や環境問題、地方での交通弱者対策などの問題の解決に役立てようとする考え方の上に立っているサービスがＭａａＳです。

ＭａａＳの実現及び提供には、スマートフォンやデジタルインフラの整備・普及のほか、鉄道やバスの運行情報、タクシーの位置情報、道路の交通情報などの移動・交通に関する大規模なデータをオープン化し、整備・連携することが必要となります。

ユーザーの経路検索・改札通過等の移動履歴や支払い情報などのパーソナルデータの活用、ドライバー不足を補うための自動運転やコンパクト・モビリティ、電気自動車（EV）などのクルマのイノベーション、効率的な移動手段を分析、提案、改善するためのAIの活用など、いま急激に発展しつつある各種の技術が交差するサービスといえます。

総務省HP「次世代の交通　MaaS」より

MaaSのフレームワークには、カーシェアリングや自転車のシェアリングシステムなど、さまざまな移動手段が含まれる。それに加え、スマートペイメント（決済）、スマートパーキング（駐車場検索サービス）など、さまざまなサービスがつながる。先進的な構想では、eコールという緊急時の呼び出し、交通量管理のシステム、さらにはeヘルスやeラーニングといった、移動時間中に行うサービスにまで直結する世界が描かれる。

日本にもこうした夢物語を描く人が出てきてほしい。デジタルで実現する社会は、まずは夢のようなことから始まる。それを実現させるためにさまざまな営みを行うなかで、何かが生まれてくるはずだ。

MaaSの代表的な事例が、フィンランドのMaaSグローバル（MaaS Global）である。同社はモビリティサービスの統合スマホアプリ「ウィム（Whim）」を提供していて、ある地点から別のある地点に移動したいときの最適な移動手段を利用者に提供する。

日本にも電車や他の公共交通機関を使った同様のサービスはすでにあるが、ウィムはこれに加えタクシー、ウーバー、カーシェアリング、自転車シェアなど、ありとあらゆる移動手段の組み合わせを提供する。これを可能にしたのが、リアルデータのデジタル化にほかならない。

ウィムが普及したヘルシンキでは、ある変化が起こった。それが次ページの図である。一見してわかるように、公共交通機関を利用する人の割合が48％から74％に激増している。逆に、移動手段に自家用車を利用する人の割合は40％から20％に半減している。**最適な移動手段を教えてくれるサービスの登場によって、ヘルシンキ市民の行動パターンが変わってきている**のだ。

この仕組みは、直接的にデジタルがドライブしているわけではないが、デジタルがあるからこそ成り立つサービスである。

公共交通機関のデータはもちろん、カーシェアリングや自転車のシェアリングサービスなどの位置情報や予約状況がデジタル化されているからこそ、この仕組みが成り立つ。

MaaSがユーザーの移動手段を変えた

MaaSグローバルは、2016年にモビリティサービスの統合スマホアプリ「ウィム」の提供を開始。これによってヘルシンキのウィムユーザーの移動手段は、公共交通が48％から74％へと大きく伸び、自家用車は40％から20％に減少した。

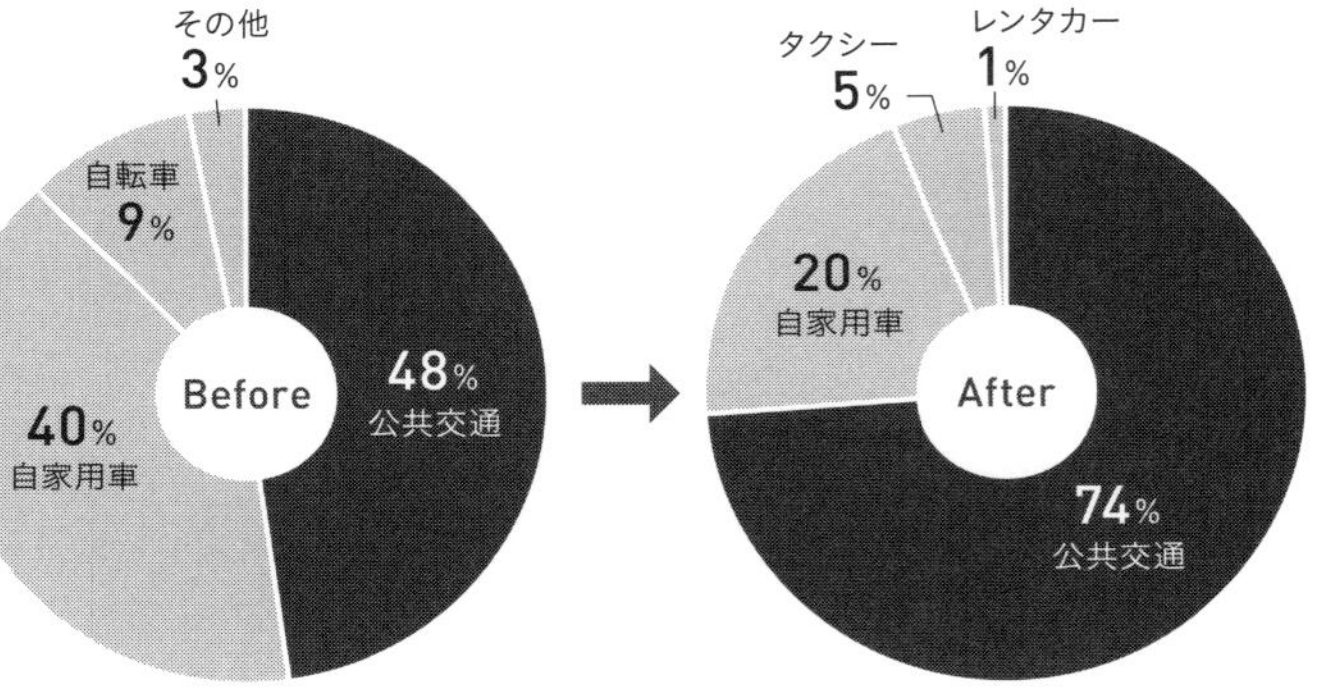

出典：MaaS Global

ウィムで自転車のシェアリングサービスを選択したら、予約するボタンが画面に出てきて、タップすれば予約できる。レンタカーもカーシェアリングも同様だ。デジタルはここまで来たということを示す事例だ。

新規市場や隣接市場への展開が期待できる

デジタル化に取り組むことで隣接した市場へ広がったケースとしてもっとも有名なのは、ＧＥのケースだろう。

もともと、ＧＥは製品を製造し、

課金モデルを転換したGEのタービン事業

課金モデルを従来型の製品販売からサービス提供へ移行。それにより価値モデルは「交換価値の提供」から「使用価値の提供」へと変わった。

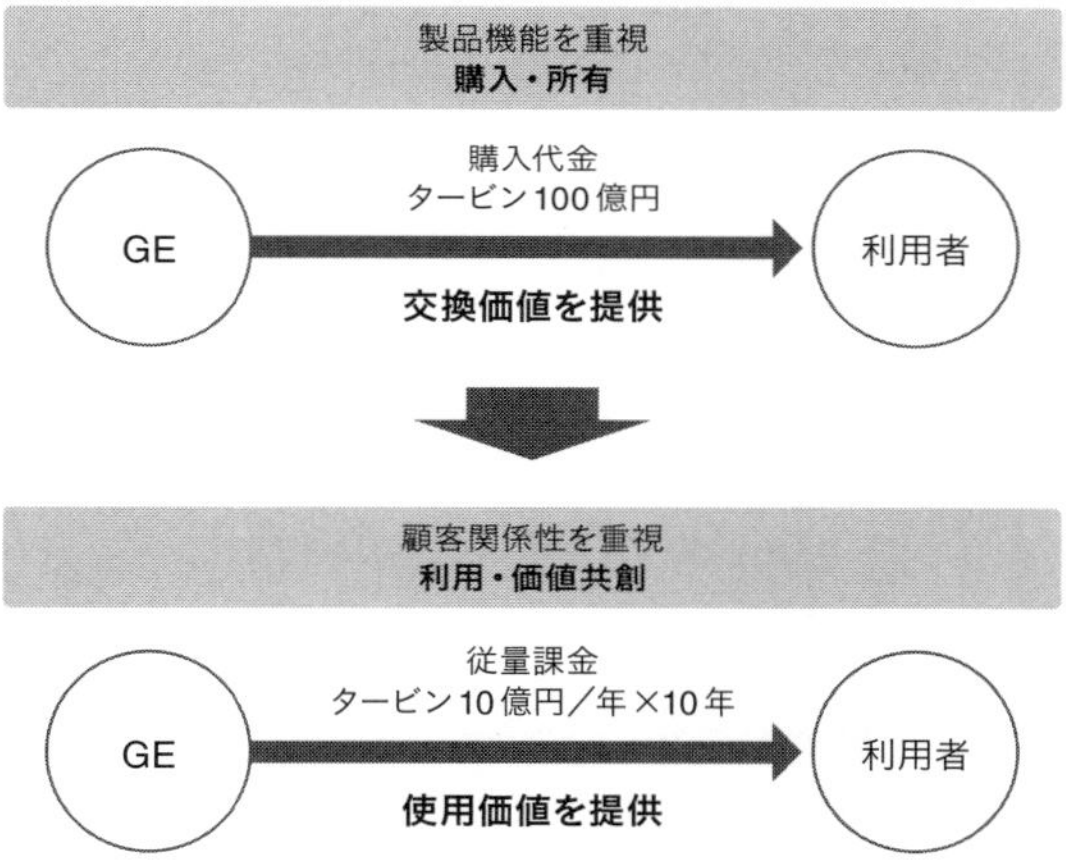

販売する純粋なメーカーだった。

上図のように、製造したタービンを100億円で販売するため、製品の機能を重視し、交換価値の提供によって収益を上げてきた。

しかし、そこから業態を変化させ、いまでは1年間にタービンを使用する対価として10億円を支払ってもらい、それを10年間継続して利用してもらう形に変わった。使用価値を提供し、顧客との関係性を重視したサービスへと移行しているのだ。

GEのメインとなるジェットエンジン事業も、これまでは製造したエンジンを航空機メーカーに納

事業領域を拡張したGEのジェットエンジン事業

従来は航空機メーカーにジェットエンジンを販売していたが、そこから定期メンテナンスサービスに進出し、航空会社向けの「予防保全によるメンテナンスコスト低減」へと事業領域を拡張していった。

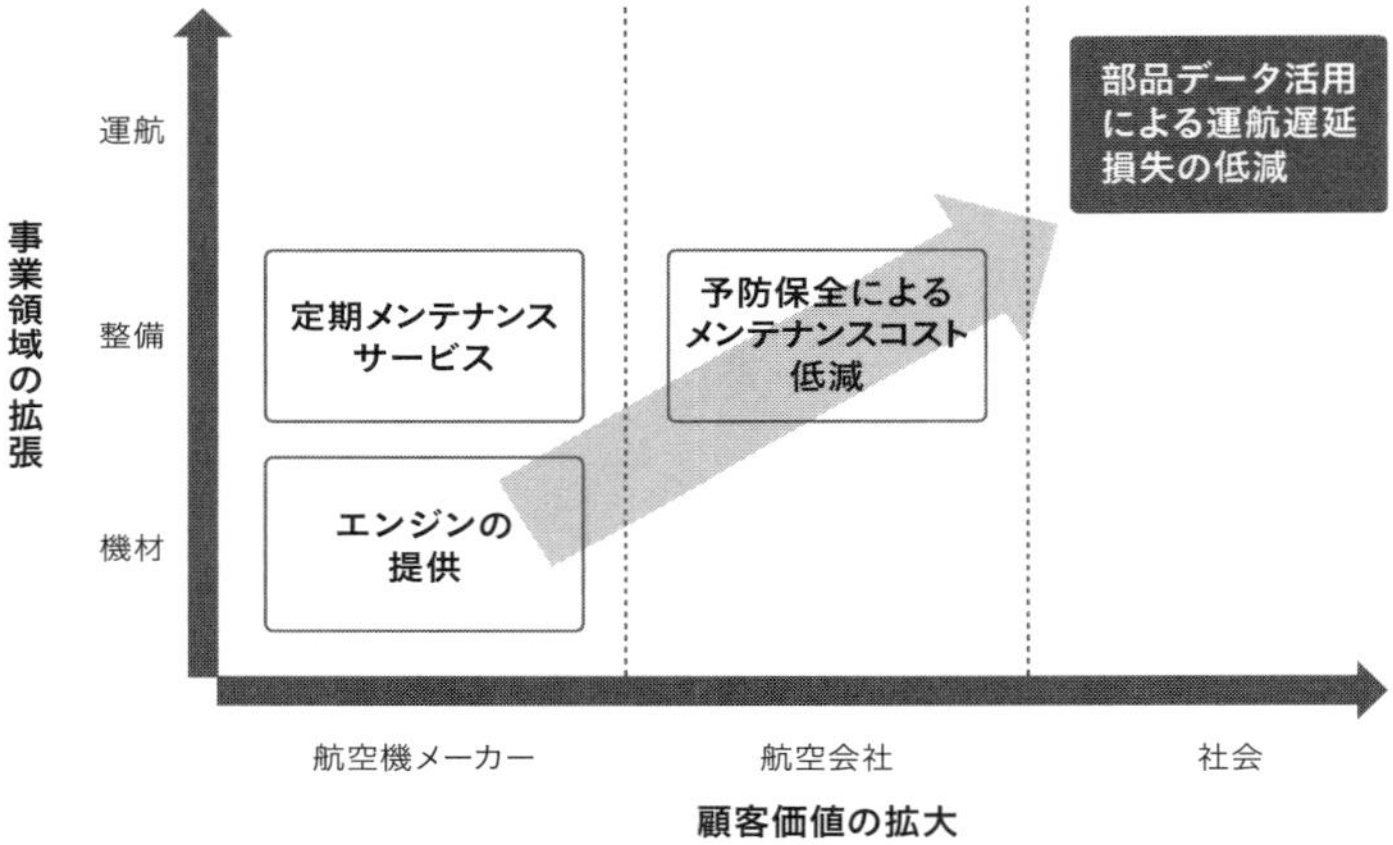

入するだけだった。しかし、いまではエンジンの提供のみならず、定期メンテナンスサービスも手が け、航空会社向けの「予防保全によるメンテナンスコスト低減」に事業領域を広げた。加えて、これまでは機材提供とその機材の整備サービスを行うにとどまっているが、これからは部品データ活用による運航遅延損失の低減、運航計画や運用の改善による二酸化炭素排出量の削減などにより、全世界のフライトのエコ化に幅を広げていくことになる。

GEが従来の製造業からデジタル・インダストリアル・カンパ

ニーへと脱皮できたのは、2017年7月まで同社のCEO兼会長を務めたジェフリー・イメルト氏の手腕によると言われている。2011年にイメルト氏は、世界首位の製品を数多く抱えているにもかかわらず、「今後、製造業はすべてソフトウェアの会社に変わらなければならない」と宣言し、社員にデジタル化の必要性を訴え続け、多額のデジタル投資を行った。それが現在のGEを創ったのだ。

デジタル化が企業に成長をもたらすとは限らない。しかし経営者はそれを信じてブレずに伝え続けるしかない。その大切さを、GEの事例が教えてくれる。

フィンテックでIT化が著しい金融業

フィンテックのイノベーションを発表するイベント「フィノベート」で、ウクライナの銀行がつくった「トップレスATM」というディスプレイが発表された。

これは、スマホの画面上で200ドルを引き出す操作をすれば、スマホをかざすだけで200ドルを引き出せるディスプレイだ。ディスプレイと呼んでいるが、実際にディスプレイはない。引き出しだけでなく振り込みも同様の操作でできる。

給料日や引き落としが集中する月末になると、銀行のATMには長い列ができる。銀行としても待ち時間を減らしたいと考えていたが、ＡＴＭの台数を増やすにも限界がある。並んでいる最中にスマホで処理を済ませることができれば、ＡＴＭに着いたときにスマホをかざすだけで済む。ほとんど行列ができないほど処理時間は短縮される。まだセキュリティ問題を解決していないようなので実稼働は先の話になるが、デジタル化によってこうしたサービスが登場するのも時間の問題だ。

２０１５年にアメリカで発売されたのが「ストレイトス（Stratos）」というカード型ウォレットだ。ストレイトスは、１枚のカードで複数枚のクレジットカードやキャッシュカード、デビットカード、ギフトカードなどを代用できる仕組みだ。みなさんの財布には、複数のカードが入っているのではないだろうか。このサービスはそれらが不要になり、ストレイトス１枚で事足りるようになる仕組みである。

複数枚のクレジットカードやキャッシュカードを、ストレイトス専用のリーダーに通す。すると、そこで必要なデータがすべて読み取られる。読み取ったデータをストレイトスのカードに読み取らせれば、１枚のカードにすべてのカードのデータが入っている状態になる。これをスマホで読み取れば、スマホ上でカードを切り替えることが可能だ。ユーザーは、複数のカードで財布を膨らませる煩わしさから解放される。

もっとも、ストレイトスは経営がうまく軌道に乗らずサービスを休止、２０１７年にデンマークの企業に買収された。海外では競合他社から似たようなカードが出ているので、いずれは日本でも利用可能になるかもしれない。

考えてみれば、金融はそもそも数字の羅列でしかなく、デジタルそのものである。これから進むデジタル化との親和性は高いはずだ。

シンガポールのDBS銀行は、会社の業務を隅から隅までデジタル化すべく、意欲的な取り組みを行っている。スローガンは「Live more, Bank less」で「銀行らしくなく」だ。IT企業の参入による決済分野の競争激化などを受け、自動車の売買仲介、新電力の契約あっせん、個人売買アプリの決済支援、不動産の売買仲介など続々と新規事業を立ち上げている。

行員のメンタリティを改革するキーワードが「GANDALF」だ。このキーワードはG（Google）、A（Amazon）、N（Netflix）、D（DBS銀行）、A（Apple）、L（LinkedIn）、F（Facebook）といったテック企業の頭文字を並べた造語で、自行がデジタル変革によってGAFAやネットフリックス、リンクトインと並び立つデジタルカンパニーに脱皮することを掲げている。デジタル変革にかける意気込みがものすごい。ビジネスを根本から再定義し、収益を倍増させつつある。

デジタル化は「職の再定義」も迫る

ＡＩが進化することで、さまざまな職業が消えると言われている。それに危機感を覚えている人も多いのではないだろうか。

ＩｏＴの普及でも消えていく職業がある。それは、現在アナログのプロセスで行っている職である。とくに監視系や見回り系など、人手がかかっているものはすべてデジタル化されていくので、見回って何かを監視する人は必要なくなりそうだ。

とはいえ、恐れることはない。逆に、**デジタル化によってこれからどんな職業が生まれるかという視点で見れば、新たな気づきがあるのではないか。**

２０１１年に、ニューヨーク市立大学大学院センター教授のキャシー・デイビッドソンはこう語っている。

「２０１１年にアメリカの小学校に入学した子どもたちの65％は、大学卒業後、いまは存在していない職業に就くだろう」

それほど職業は変わる。たしかに、いまある職業で20年前になかった職業は多い。たとえばネイルサロンは、20年前にはほとんど存在しなかった。ＩＣＴ分野でいうと、セキュリティ系の職業もクラウド系の職業もなかった。インターネット関連の技術職も、20年前にはほんの一部しかいなかった。

「職の再定義」を考えるとき、いまはＡＩやＩｏＴやデジタル化でなくなる職業に目が向けられている。しかし、むしろモノのサービス化が進むとどのような職業が生まれるのか、そこにはどのような人材が必要になるのかを考えたほうが、これからのビジネスを検討するうえで有効だ。デジタル化が進めば、さまざまな新しい職業が生まれてくる。

3 製造業で加速するデジタル変革

ダイムラーの商用車購入者向け部品宅配サービス

建築関係の職人はこれまで、ネジやビスなど使用する部品を自分で管理し、部品がなくなると紙に手書きで必要な分を記入し、注文を出して配送されるのを待った。注文してから配送まで、数日の時間がかかっていた。

これでは、現場に行っても部品がなくて仕事にならないリスクがある。それを避けるには、少し多めに部品を用意しておくしかない。しかし、その部品を必ず使い切る保証はなく、無駄になって利益を圧迫する恐れがある。職人としては、必要なときに必要な部品が必要な数だけ手元にある状態を望んでいた。

そこでダイムラー（Daimler AG）は、自社の商用車を購入した職人に対し、注文を受けたら部品をすぐに届けるサービスを始めた。その流れはこうだ。

朝、職人はダイムラーの商用バンに乗って建築現場に向かう。工具と部品の入った手提げボックスを手元に置き、黙々と作業をする。一日の仕事を終えると、バンの荷台に手提げボックスを戻し、そこにスマホをかざす。手提げボックスにはＩＣタグが付けられていて、スマホでスキャンすると部品を特定してくれる。職人は、部品の数をチェックし、足りなくなった部品をスマホの画面上で注文する。職人は家に戻り、商用バンのドアをロックし、部屋に入ってくつろぎの時間に入った。

夜、1台のダイムラーが動き出す。荷台には、職人が注文した部品を積んでいる。運転しているのはダイムラーのサービスマンだ。彼のスマホには、注文を出した職人の家の地図が表示されている。地図を頼りに職人の家を訪れるが、彼は家のドアをノックしない。遠隔操作で職人の商用バンのドアロックを解除し、注文を受けた部品の入った箱を商用バンの荷台に入れてロックをかける。彼は職人に会うことなく、部品の配達を完了した。

翌朝、職人がスマホを確認すると、配達完了のメッセージが入っていた。車の荷台を開けると、部品の入った箱が置いてある。職人は再び、昨日と同じ現場に向かった。

ポイントは、自動車メーカーのダイムラーが、建築材料の宅配サービスを行っていることである。しかも、アナログでのやり取りは最小限に抑え、お互いにスマホ上でほとんどのやり取りを完結している。

これは自動車メーカーならではのサービスで、自動車のドアの施錠と解除をデジタルの遠隔操作で行っている。仕事を終えた職人の手を煩わすことなく、タイムリーに部品を届けるサービスは、かゆいところに手が届くサービスだ。

作業マニュアルを3D化したPTCの拡張現実

工場には、必ず作業マニュアルがある。熟練の作業員は別として、経験の浅い作業員は作業マニュアルを熟読し、自分の担当する持ち場の業務を体得していく。

しかし、そのマニュアルはたいていわかりにくい。長ったらしい文章で書かれていたり、専門的な数字や記号が多すぎたりして直感的にわかりにくく、作業員にとってはやっかいな代物になっている。逆に会社側から見れば、マニュアルをよく読まずいい加減にラインに携わる作業員のせいで、不良品が出たりラインが止まったりして、効率が悪かった。

そこで、アメリカの大手ソフトウェア企業ＰＴＣは、拡張現実（ＡＲ）の技術を使い、タブレットを製造機械に向けると、さまざまな情報が立体的に浮き上がり、直感的に理解できるような３Ｄのマニュアルシステムを構築した。

ARを活用したPTCの3Dマニュアル

三次元CAD（コンピュータ支援設計）などで知られるアメリカの大手ソフトウェア企業PTCは、製造現場の作業ノウハウや知識をリアルタイムで伝えるARの指導マニュアルを顧客に提供している。

写真提供：PTCジャパン株式会社

このシステムは、ＩｏＴによって集めた製造機械に関するすべての情報をクラウド上に集積し、３Ｄ画像に反映させる。作業員がタブレットに内蔵されたカメラで製造機械を撮影すると、リアルタイムでクラウドから引っ張ってきたデータが表示される。肉眼で見ただけではわからないさまざまなデータや使い方、故障したときの部品の交換手順などが表示され、作業員は直感的にそれらのことを理解できるようになる。

これによって、作業員は紙に書かれたマニュアルのなかから、いま直面している問題の解決方法が書かれた箇所を探す必要がなくなった。作業員個々の資質に影響されることなく問題解決がスムーズに行われるため、故障発生から解決、再稼働までの時間を大幅に短縮することができる。工場の生産性は飛躍的に上昇する。

工場のマニュアルというアナログプロセスを、デジタル化した好例だ。

建築現場を革新したコマツのスマートコンストラクション

製造業におけるIoTの走りとして、コマツの取り組みは高く評価されている。

始まりは「コムトラックス（KOMTRAX）」だった。そのきっかけは1998年ごろ。盗んだパワーショベルを使って郊外に設置されたATMを破壊し、中の現金を強奪する事件が頻発していた。コマツはその盗難対策として、パワーショベルにGPSを設置する検討を始めた。

GPSを設置すれば、本来あるはずの保管場所から移動したパワーショベルを確認することができる。そこから議論が発展し、通信機能を持たせれば位置情報にとどまらず、他のセンサからの情報も取れるようになる。エンジンコントローラーやポンプコントローラーからも情報を集めれば、パワーショベルがいまどこにいて、稼働しているか否か、燃料の残量などもわかる。そうして構築した仕組みがコムトラックスだ。

当初はオプションだったが、搭載した顧客の間で「コマツの建機が盗まれても、すぐにわかる」という評判が立った。数年後、保管場所から500メートル以上移動すると、所有者にその事実を知らせるメールが送られる機能、その建機に指定された命令を送ると、キーを差し込んでもエンジンがかからない仕組みが加えられた。

その結果、コマツの建機の盗難は劇的に減った。2001年、オプションだったコムトラックスは、この年から標準装備になった。コストはかかったが、コマツにとって大きなメリットがあったからだ。

コムトラックスを搭載すれば、稼働時間、燃料の残量、冷却水の温度、作業負荷、二酸化炭素の排出量などのデータがリアルタイムで送られてくる。

このデータは、コマツだけでなく顧客、販売代理店とも共有される。顧客にとっては、自らが保有する建機の状態をリアルタイムで知ることができる。

販売代理店にとっては、建機の稼働時間をもとに、定期点検や消耗品の交換を適切な時期に提案できる。さらに、作業負荷の状態によっては、燃費効率の高い使用方法をコンサルティングする。単に建機そのものの販売にとどまっていたときには提供できなかったサービスを行えるようになった。

データを使うことで、単なるメーカーからサービス提供企業へと移行したのは、GEのケースと同じである。

コマツはさらに踏み込んでいく。コムトラックスから送られてくる建機の稼働状況のデータを分析すると、建設需要の予測がかなり正確にできることに気づいた。2011年に中国市場の建設需要が激減したとき、コムトラックスからのデータは稼働率の落ち込みを明確に示していた。コマツはその兆候をいち早くつかみ、中国向け建機の生産を抑えたことで損失を最小限に抑えることに成功した。

いまや、コムトラックスを搭載した全世界で稼働する約50万台の建機から、毎日のようにデータが送られ続け、そのデータは膨大な量に膨れ上がっている。

さらにコマツは、2015年から「スマートコンストラクション（SMARTCONSTRUCTION）」と呼ばれるサービスを始めた。スマートコンストラクションは、ICTによってコントロールされる建機による施工や、ドローンを使った測量などを行う。現場の工事のプロセスを可能な限り三次元データ化し、それをコマツ独自のクラウド「コムコネクト」で管理する。工事現場の見える化と効率化を実現する取り組みだ。2019年1月現在、国内の6000カ所を超える現場で導入されている。

コマツがスマートコンストラクションを始めた目的は、人手不足対策だ。今後10年間で国内の建設技能労働者330万人のうち、約110万人が高齢化によって離職する。この深刻な人手不足を乗り切るには、生産性の向上が欠かせなかった。

そこでコマツは、従来の建設機械販売とその周辺サービスという領域を超えて、測量や設計など工事プロセスの全体に関与していく方針を決定する。

それまでの測量は、二人一組で1週間かけても、せいぜい数百カ所のデータしか取れなかった。しかし、ドローンを飛ばして撮影すれば、わずか十数分で1万カ所以上のデータが取れる。そのデータをもとに、自動運転のブルドーザーが施工し、工事の進捗状況は建機に搭載したカメラによって撮影してクラウドで処理される。コマツが目指すのは、データを活用した工事現場の「無人化」である。

理想形を現実化するドイツの「インダストリー4・0」

ドイツのインダストリー4・0は、ICTによるデジタル化と、モノとモノのネットワーク化が同時に行われることによって、製造業に大きな変革をもたらす動きである。

ドイツ連邦政府は国内の製造業の国際競争力を高めるため、このインダストリー4・0を国家戦略の一つとして位置づけている。有力な業界団体であるドイツIT・通信・

ニューメディア産業連合会（BITKOM）、ドイツ機械工業連盟（VDMA）、ドイツ電気・電子工業連盟（ZVEI）も連邦政府の方針に賛同し、積極的に参画する姿勢を見せている。この3団体の加盟会社数を合わせると5000社を超える。ドイツの国家、産業界のほとんどを巻き込んだ、横断的な取り組みとして推進している。

インダストリー4・0は、製造業にどのようなインパクトをもたらすのだろうか。その一つが「マス・カスタマイゼーションなどの付加価値の提供」である。

マス・カスタマイゼーションとは、多品種少量生産のことである。デジタルを工場の中に埋め込むことによって生産性を大幅に向上させ、従来はコストがかかりすぎるということで実現が不可能だったオーダーメイドかつ小ロットの商品が生産できるようになる。その実現に寄与するのが、3Dプリンタの高度化と普及だ。

これまでの多品種・小ロットの生産は、職人が手づくりで行う必要があった。生産性は低く、職人の人件費が製造の足かせになり、実現は困難だった。しかし、3Dプリンタの登場により、たった一つの特注品を低コストで製造することが可能になった。従来、製品の生産量や特殊性が生産性の足を引っ張っていた状況は、デジタル化および3Dプリンタの出現によって、マイナス要因にはならなくなった。

それどころか、マス・カスタマイゼーションは先進国に製造業への回帰をもたらすかもしれない。アジア諸国やアフリカ諸国などと人件費などのコスト競争をする必要がなくなるからだ。

二つ目が「バリューチェーンの分散化」である。インダストリー4・0では、製造から販売まであらゆるバリューチェーンがインターネットでつながる。製造工程は自動化されて、ほとんどの部品が3Dプリンタで製造される。そのため、データのやり取りをすることが製造プロセスの中心になる。

その代表例が「スマート工場」である。スマート工場は生産設備をすべてインターネットでつないだ生産システムである。その最大の特徴は「リアルタイム性」だ。よく引き合いに出される具体例として「部品が自ら考えて製造ラインを移動する」というケースが挙げられる。たとえば、ある部品が「顧客X向けの製品Yにこの段階で組み込まれるから、工程Zに進む」と「考え」ながら製造ラインを自律的に進んでいく。これによって顧客ごとの製品を人手を借りることなく迅速に製造することが可能となる。

インターネットにつながることで、工場と本社、あるいは企業と企業が即時にさまざまなことに対処できるようにもなる。組み立て工場である部品の在庫が少なくなると、そのデータが部品の製造工場に伝わり、自動的にその部品が製造され、組み立て工場に供給される。さらに、工場内のあらゆるモノにセンサが搭載される。製造機械の異常や故障が起こるとセンサが感知し、システムが自動的に修理する。

スマート工場は、工場そのものが製造工程を管理し、監視し、自らが判断、決定できる能力を持つということだ。つまり、**スマート工場は「自ら考える工場」である**。この能力を持たせることで、各企業はすべての生産プロセスを最適化できる。

加えて、製造設備の稼働状況はインターネット上ですべてモニタリングできるうえ、修理もシステムが自動的に行うとなれば、ほとんどの工程に人手は必要なくなる。人件費は大幅に削減可能となり、これがマス・カスタマイゼーションの実現に寄与する。


インダストリー4・0で重要なのは、工場内の生産効率を上げることだけではない。製造から販売までのバリューチェーンがつながることがポイントになる。しかし、本家本元のドイツでも、現在は工場内のスマート化によって工場の生産性を高めるという部分最適にとどまっている。バリューチェーンの結合までには至っていない。

それは日本でも同じだ。コマツが進めるコムトラックスはすでにご紹介したが、コムトラックスなどによってコマツの建機の生産性は上がったが、それを使用するユーザーの生産性までは上がっていない。コマツの建機を使用する工程の生産性は上がっても、現場はコマツの建機だけを使っているわけではないし、建機を使わない工程も数多くある。その部分の工程の生産性が上がっていないため、全体としての生産性は依然として低いままにとどまっている。

その解決策として、コマツは工事全体の工程を対象とする「ランドログ」という概念を打ち出した。建設工事の工程の最初から最後までをデジタル化し、生産性向上を目指したのだ。それがすでにお話ししたスマートコンストラクションである。

すべての業界にいえる理想形は、顧客関係管理（CRM）、製品データ管理（PDM）、サプライチェーンマネジメント（SCM）、製品ライフサイクル管理（PLM）、コンピュータ支援設計（CAD）など、製造プロセスに必要なシステムをすべて統合し、生産の全体最適化を実現することだろう。ユーザーの製品使用状況まで把握できれば、新商品開発にまでつなげることが可能となる。

インダストリー4・0は、本場ドイツにおいても日本においても、まだ初期のフェーズにとどまっている。部分最適を乗り越え、全体最適に至るまでには、これまでお話ししてきたデジタル化と同様、かなり長い時間がかかるだろう。現場の状況を根気強く見極めながら、一歩一歩進めていく忍耐強さが求められる。

リアル世界をサイバー空間に再現する「デジタルツイン」

インダストリー4・0やこれまで述べてきたアナログプロセスのデジタル化は、リアルな世界とサイバー空間が結合する世界を想定している。その結合を実現するための橋渡しとして、リアルな世界をサイバー空間につくり込む必要がある。リアルとサイバーを行き来するには、リアルの世界で起こっていることをリアルタイムにサイバー空間で把握しなければならないからだ。そこでは「デジタルツイン」が必須になる。

デジタルツイン（デジタルの双子）とは、リアルな世界をサイバー空間に再現するものである。

デジタルツインという言葉は、インダストリー4・0が注目され始めた2011年に、アメリカ航空宇宙局（NASA）が初めて言及した。その目的は、高価な宇宙探査機や戦闘機の機能の向上と稼働期間を最大化するためのシミュレーションをすることだった。

そこからデジタルツインという考え方を広めたのはGEだ。航空機のジェットエンジンや風力発電用のタービンなどの機能と稼働率の向上、メンテナンスの最適化のためにデジタルツインを最大限活用している。

自動車の設計・製造においても、サイバー世界でシミュレーションしたうえで実際の製造に進むことができれば、無駄な作業や失敗が減り、大幅なコスト削減につながる。自動車メーカーのマツダは、2004年からデジタルツインの発想を製造プロセスに取り入れた「モデルベース開発（MBD）」に取り組んでいる。

2011年に発売された「デミオ」には、マツダが新たに開発した「スカイアクティブ」という低燃費のガソリンエンジンが搭載されている。このエンジンの開発にMBDが採用された。エンジンや駆動装置など700項目の機能を数理モデル化し、燃費効率を高めるシミュレーションを重ねた。その結果、ガソリン1リットル当たり30キロという、ハイブリッド車を除くガソリン車では特筆すべき走行距離を実現した。

マツダは2020年をめどに市場に投入する電気自動車から、車を丸ごとMBDで開発する方針を打ち出している。数理モデル化する項目は、700から数万に増える。しかし、それを実現できる技術は、すでに整っている。

製造業において、デジタルツインを活用する場面は2種類ある。一つは製造業がつくった製品そのものに活用するケースである。顧客に販売し、顧客が使用している状態の製品からさまざまなデータを収集し、それを改善やメンテナンスに反映させる。もう一つは製品をつくる工程で使用するさまざまな製造設備に活用するケースだ。製造設備の状況をデータによって正確に把握し、稼働状況の調整に使う。

これらを遂行するためにデジタルツインに求められる条件として、二つのポイントに注目したい。

一つ目は、リアルな世界を忠実に再現できることである。注意すべきは、リアルな世界にある「現時点」の状態を再現することだ。しかも、常に最新の状態に更新し続けることが求められる。現時点かつ最新の状態をサイバー世界に正確に再現することでしか、正しい分析やシミュレーションはできない。

二つ目は、1対1で対応している状態にすることだ。同じ製品でも、ユーザーが異なれば使い方も違う。まったく同じ状態のものは一つとしてない。一つひとつのモノの些細な違いまでも正確に再現することが、デジタルツインには求められている。


さらに具体的に落とし込むと、デジタルツインを有効活用するための三つのフェーズを強化する必要がある。一つ目はリアルな世界のデータを収集し、デジタルの世界に伝達するフェーズである。二つ目は、収集したデータをデジタル世界で分析・予測するフェーズである。そして三つ目が、デジタルツインによる分析やシミュレーションを、リアルな世界で生かすためのフェーズだ。

デジタルツインで必要な製品に直接関わるデータをリアルな世界から収集するには、センシングの技術が発展しなければならない。さらに、製品がどのような環境で使用されているかというデータも必要だ。いずれのケースも、これまでは取り付けられなかった場所にセンサを取り付けなければ、必要なデータは得られない。そのためにも、センサの小型化・軽量化・部品との一体化が求められる。

分析のフェーズでは、シミュレーション技術やビッグデータ分析、AIによるデータ分析の向上が必須である。その点をクリアするためには、コンピュータの計算力が欠かせない。昨今のコンピュータの高性能化とクラウドコンピューティングの発展によって、ある程度の計算力は確保されている。ただし、これから進むデジタル化の波によってデータ量はさらに膨大になる。それを迅速にシミュレーションするためにも、計算力の向上は継続していかなければならない。

デジタルツインで得られた知見をリアルな世界で生かすには、リアルな世界を映した画像にデジタルの情報を一体で表示する技術が必要だ。とくにARを使ったシステムの発展は、デジタルツインを考えるうえでは欠かせない。

デジタル化の取り組みに壮大さは必須ではない

製造業の変革事例を見ると、インダストリー4・0をはじめデジタルツイン、コマツやダイムラーのケースなど、最先端のデジタル技術を使った取り組みが花開き始めていることが見て取れる。

これからこの動きは徐々に加速していくだろう。製造業のデジタル化は長期にわたって続くので、これから生まれるであろう最先端の技術や発想を取り入れた、これまでの常識を根底から覆すような大きな変革が起こってくる。これはこれで加速していくべきデジタル化の流れである。

しかし、デジタル化は華やかな取り組みばかりではない。むしろ、地味で目立たないながらも欠かせない取り組みもおろそかにしてはいけない。

多くの工場には、危険を知らせたり何らかの合図をしたりするためのパトランプが設置されている。基本的には、そのランプは人の目で監視され、何か異常があったら人の手で伝達するのが一般的だ。まさに、アナログプロセス以外の何ものでもない。

これをデジタル化しようとしたとき、はじめに技術者が考えるのは、パトランプそのものを最新技術が搭載されたものに交換し、それにセンサを取り付けて遠隔で信号を飛ばすことだ。もちろん、その形ができれば構わないが、工場内に設置されているすべてのパトランプを入れ替えるとなると、そのコストはばかにならない。それに躊躇し、デジタル化に二の足を踏む企業も出てくる。

最新の技術を使ったものに替えなければデジタル化はできないのか。そうではない。**投資額を低く抑えてデジタル化することは十分に可能だ。**実際、ある会社の工場では、パトランプにはいっさい手をつけることなく、ランプをとらえる位置にカメラを設置し、ランプが光ったらカメラが検知するようにセッティングすることでデジタル化を実現した。

アナログプロセスをデジタル化するための第一歩は、これまで人手をかけていたところを、人手をかけないようにすることである。センサが設置されていようがいまいが、あまり気にする必要はない。要するに、**パトランプを交換することが目的ではなく、赤いランプが回ったときに正確に検出できればいい**のである。アナログプロセスを改善するための方法は、知恵を絞ればいくらでもある。

愛知県の部品加工会社である旭鉄工は、経営者がデジタル化に意欲的だ。しかし、大手電機メーカーが構築するシステムを導入してデジタル化を推進しようとすると、どうしても高額になってしまう。規模が小さく資金力のない会社には、高価すぎて手が出ない。

それでも、デジタル化は必要だ。そこで旭鉄工が編み出したのは、どこにでも売っているような部品を組み合わせることで手づくりのシステムを構築し、アナログプロセスのデジタル化を安価に行うことだった。旭鉄工のデジタル化には、どこにも高価なシステムは入っていない。しかし、十分にデジタル化といえる取り組みになっている。

農業がもっとも顕著だが、あらゆる産業においてデジタル化を推進するとき、顧客の視点が欠けてしまうとどうしても立派なものをつくってしまう。顧客のニーズにマッチしていない、あまりにも過剰な機能を付けた高価なシステムを持ってくるのだ。

これでは、顧客がデジタル化に踏み切ろうとするモチベーションにはならない。技術者が顧客の目的を把握し、一緒にデジタル化に向かって進んでいこうとするスタンスで臨めば、こうした失敗は避けられる。工場のパトランプのケースや、旭鉄工のケースは、中小企業のデジタル化のあり方に多大な示唆を与える。

4

サービス業はデジタルでどう変わるのか

米小売業ターゲットの「妊娠スコア」分析

2012年2月、「ニューヨークタイムズ・マガジン」が興味深い記事を掲載した。アメリカの総合スーパー（GMS）大手ターゲット（Target）のゲスト・マーケティング・アナリティクス部門が、顧客の25品目の買い物アイテムから「妊娠スコア」を計算し、顧客の性別、年齢、購入データから出産予定時期を分析したうえで、妊娠の時期に商品アイテムのクーポンを送付するサービスを開始した。

彼らが注目したのは、妊娠初期の女性がマグネシウムやカルシウムなどのサプリメントや、無香料の保湿剤を買いだめする傾向である。加えて、妊娠前から石鹸やコットンパフを購入していた女性は、出産が近づくと無香料の石鹸や大容量サイズのコットンパフに購入を切り替える。手指の消毒ローションや大量のタオルを購入する兆候も利用した。

妊娠中の女性を「ターゲット」にしたのは、買い物習慣が妊娠、出産で変わる傾向があるからだ。しかも、子どもが生まれたら購入するものが増え、子連れの買い物のたいへんさから、購入先を行き慣れたスーパーに絞る傾向がある。つまり、**妊娠中に顧客満足度を高めることができれば、彼女はロイヤルカスタマーになる可能性が高い**のだ。

この分析によって、ある高校生の娘がいる家庭に、ターゲットはゆりかごのクーポンを送付した。女子高生の父親は憤り「うちの娘はまだ高校生なのに、ゆりかごのクーポンを送るなんて、妊娠を勧めているのか！」とターゲットに怒鳴り込んできた。ターゲットの店舗マネジャーが謝罪の電話をかけると、反対に父親が謝り始めた。

「私が知らないうちに、娘が妊娠していた」

これは、突き詰めれば購買履歴のデータを利用したにすぎない。ただ、2万点もの扱い品目のなかから、25品目に絞り込むまでの努力と苦労は注目に値する。ＡＩが流行しているいま、2万点の品目を絞り込むときにＡＩの機械学習を利用すればいいと安易に考えてしまう傾向がある。しかし、機械学習に任せてもおそらく何も出てこない。

なぜなら、データから何らかの傾向を見出そうとするときには「絶対何かが出てくるはずだ」という強い思いが必要だからだ。非科学的でむしろアナログ的発想ではあるが、**星の数ほどあるデータの中から何らかの傾向をつかむには、見つけるんだという強い思いが**

ないとなかなか難しい。

「このデータは必要だ」

「このデータはいらない」

「いらないと思っていたけど、このデータはやっぱり必要だ」

人間の思考は、強い思いを持ったうえで、チューンナップを繰り返している。むしろチューンナップを繰り返さないと出てこない。ＡＩで機械学習のツールをかけて解析すれば出てくるような簡単な問題ではない。常に「おかしい、出てこない、出てこない、出てこない」と執念をもって粘る姿勢は、ＡＩを使うときには必ず必要になると思う。

誤解している人も多いようだが、ＡＩはかなり泥臭いツールだ。グーグルのＡＩが囲碁の世界チャンピオンに勝ったときも、ＡＩの担当者は泥臭いことをやっている。機械学習や深層学習のアルゴリズムを使えば何でもできるというのは誤解で、25品目にまでよく絞り込んだというのがこのケースの特筆すべき点だと思う。

カーファックスが公開した中古車の詳細履歴データ

アメリカのカーファックス（ＣＡＲＦＡＸ）という、中古自動車の履歴調査サービス会社のケースである。インターネットで同社のＨＰにアクセスすると、中古車のリストが表示される。目当ての車をクリックすると、その車の履歴データが表示される。

具体的には事故履歴、これまでのオーナー数、ディーラーに入庫して実施した整備履歴一覧、個人・事業用・リースなどの登録履歴、走行距離、水害履歴、エアバッグの作動履歴などがすべて出てくる。

このデータは、陸運局や損害保険会社との契約に基づいてカーファックスが購入する。データソースは３万４０００以上、データ数は１００億件を超える。カーファックスには、ユーザーに詳細な車両履歴を公表することで他社との差別化を図り、安心して中古車を買ってもらおうという狙いがある。

アメリカには同様のサービスを提供している会社がいくつかあって、公開データの量と精度の違いによって競争が行われている。結果的に、中古車マーケットの透明性が担保され、健全になっていった。

この興味深い取り組みは、現状の日本ではできない。整備工場がバラバラでデータが共有されていないうえ、データを出そうとしないからだ。おそらく将来的には、日本の自動車業界も中古車のデータをオープンにする健全な業者が出てきて、それ以外の業者は淘汰されていくはずだ。

一つの方法として、国が先導してデータをオープンにすることが考えられる。私はこれが最短距離だと考えている。次ページの図は自動車の電子化の進展と、整備方法の変化をまとめたものである。これを見ると、自動車の電子化はかなりの勢いで進んでいる。走行状況、車体の状況など、大量のデータが収集可能な状態まで進んでいる。

一方、整備に関しても、従来の機械的・手作業的な方法から、外部から車載コンピュータに接続し、故障を診断する方法に変わってきた。２００８年10月以降の新型車には、車のあらゆるデータが詰め込まれた「ＯＢＤ－Ⅱ」ポートの搭載が義務づけられている。それは、車に関するデータの宝庫だ。

このＯＢＤ－Ⅱポートがあれば、車検の必要度合いも下がる。実際、いまでも車を整備工場に持ち込むと、技術者が真っ先にやるのはＯＢＤ－Ⅱポートに機械を差し込み、その車のデータをチェックすることだという。もちろん、エンジンオイルなどの消耗品の交換やランプの調整などは別だが、それ以外はＯＢＤ－Ⅱポートのデータを吸い上げるだけだ。

車にＳＩＭカードが付き、常時データを吸い上げていれば、その車が危険な状態かどうかはすぐにわかる。コンピュータ上のデータで故障を発見したら、そのデータが現場に下りてきて、修理をする日が決まり、実際に修理を行ったデータがまた保存される。車に詳しくない素人は、そのほうが嬉しいはずだ。車が古くなると、いつ壊れるかわからないか

自動車の電子化の進展と、整備方法の変化

2008年10月以降の新型車に搭載が義務づけられている「OBD-II」ポートは、自動車に関するデータの宝庫である。ここから吸い上げたデータを活用すれば、将来は車検の必要度合いも下がる。

自動車の電子化の進展

1980年代から2000年代にかけて、エンジンから車体の情報まで大幅に電子化が進展。

1980年代頃
- エンジン制御（燃料噴射等）、トランスミッション、ABS
- メーター、ウィンドウ、エアコン、キーレスエントリーなど

1990年代頃
- 横滑り防止、車間警報システム
- タイヤ圧監視、エアバッグ、イモビライザーなど
- ハイブリッド自動車（HV）、電気自動車

2000年代以降
- 車速追従機能付きクルーズコントロール
- OBD-II、EDR、配光可変型前照灯システム
- プラグインハイブリッド車、自動運転自動車

↓

自動車の走行・車体状況など、大量の情報が収集可能に

整備方法の変化

自動車整備方法は、従来の機械的な方法ではなく、外部ツールから車載コンピュータに接続し、故障を診断する方法に変化。

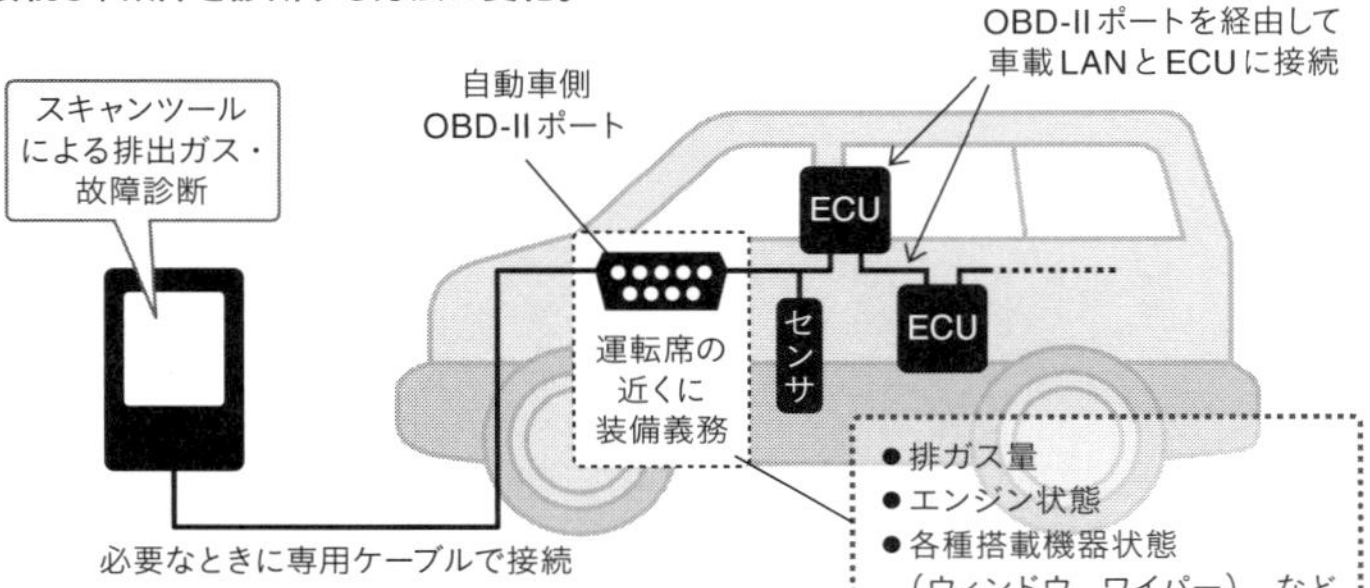

※2008年10月以降の新型車にはOBD-II対応を義務化

出典：国土交通省「自動車関連情報の利活用の現状について」

ら乗るのが怖いという人は多い。そういうときに「大丈夫だ」「そろそろ整備工場へ持っていけ」と指示してくれたら、安心して車を運転することができる。

車そのもののデータ以外にも、車の周辺はさまざまなデータで溢れている。このデータを共有することができれば、将来は車検の必要度合いも下がる。しかし、整備工場は膨大な雇用を抱えているから、現在の日本では制度を変えることはできない。

車には、車の中から発生するデータだけでなく、整備工場から発生するデータもある。全国の道路網のなかで取得しているデータもある。そして、そのデータを使ったビジネスに乗り出そうという企業が近い将来必ず登場し、データの公開を求めるようになるだろう。

そのとき、車のデータを非公開にし続けることはおそらく不可能だ。そこをどう乗り越えるか。日本の場合、国がもっと旗を振るか、経営者の意識を少しずつ変えていくしかない。根本のところを言ってしまうと政治の問題になる。本当は政治がもっとこういうことを痛みを感じながらやるべきだ。これができていないからデジタル化が進まない。

スーパーセンター「トライアル」のデジタル変革

日本の小売業でデジタル化に意欲的に取り組んでいる企業の一つが、福岡を拠点に全国展開するスーパーセンター、トライアルである。

店舗数214、売り上げ約4000億円（2018年3月期）のトライアルは、福岡市のアイランドシティ店にカメラ700台を設置し、顧客の動きや買い物の様子を事細かく記録し、それをデータ化している。

顧客の動線。顧客が何を手にして、どこで迷い、結果的に棚に戻したか買い物カゴに入れたか。そういう細かいデータを収集し、それを品揃えや陳列方法などにフィードバックしている。将来的には、どこに何を置けばいちばん売れるかまで、顧客の行動データからわかるようになると考えているという。

セルフレジ機能とタブレット端末を搭載したスマートレジカートも100台以上導入した。カートの画面には本日のおすすめ商品の情報が表示されたり、プリペイドカードを使ってレジに並ぶことなく精算ができたりするなど、顧客の利便性を考慮している。しかも、そのデータもしっかりと収集している。

とくにトライアルが素晴らしいのは、スーパーの現場で働く従業員が、分析してもらいたいデータのリクエストを上げてくることだ。経営トップからのお仕着せではなく、現場の必要性に基づいたデジタル化が進められている。

しかも、トライアルは中国に300人の技術者を抱えるIT企業を保有している。現場

スーパーセンターをデジタル化したトライアル

トライアルでは、店内に多数のカメラを設置して買い物の様子や商品棚を記録したり、セルフレジ機能を搭載したスマートレジカートを導入するなど、デジタル化を積極的に推し進めている。

店内のスマホカメラで買い物の様子を記録

精算レーンを通過するスマートレジカート

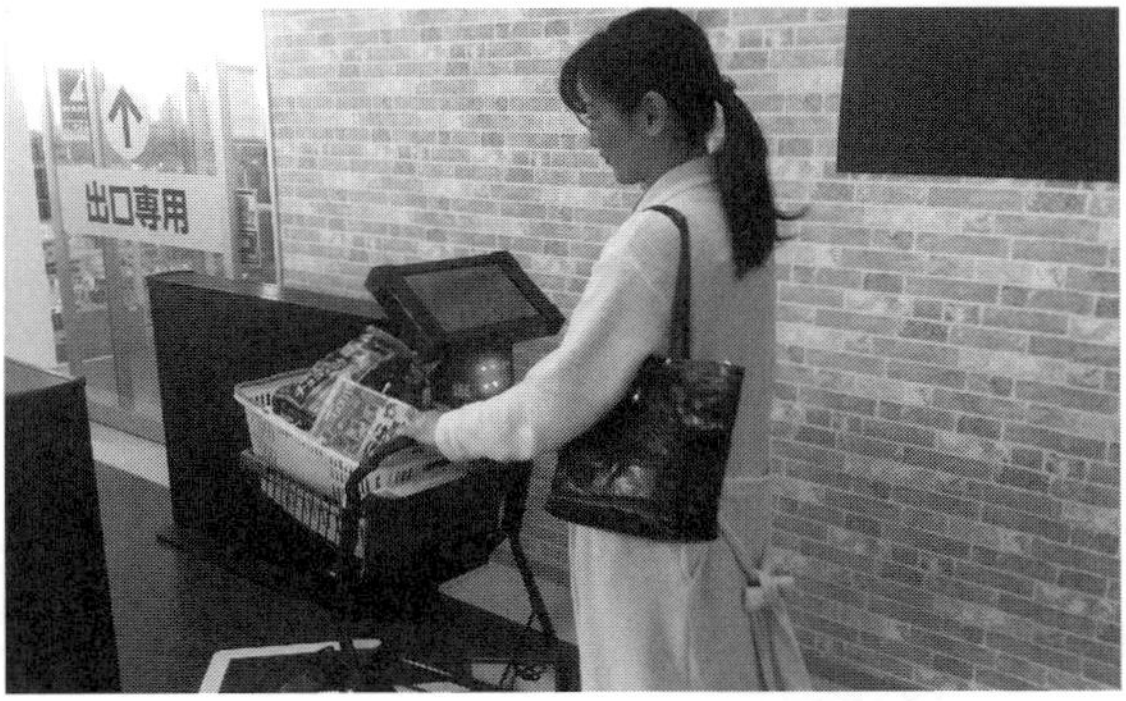

写真提供：株式会社トライアルカンパニー

からのリクエストは、すべてそこに発注する。外部ではないため、分析結果はスムーズに報告される。

トライアルは、2001年ごろ、まだ売り上げが1000億円に満たないなか、中国に300人規模のIT投資をした。社長に話を聞くと、こういう答えが返ってきた。

「いや、単純なんですよ。アメリカを見ていたら、当時すでにウォルマート（Walmart）は5000人から1万人規模のIT部隊があった。それを真似しただけです」

重要なのは、経営者のデジタル化に対する意識であることがわかる。現場からデータ分析のリクエストが上がるのは、現場の人たちにデジタル化に対する意識が深く浸透しているからだ。その要因を現場の人に尋ねると、こう言った。

「そうね、社長がずっと言ってるからかな」

GE元CEO兼会長のイメルト氏のように、デジタル化を進めるには、トップがデジタル、データと言い続けなければならない。

宅配便の不便を解消するトランク宅配サービス

宅配便の受け取りが、日本では社会問題化している。それは海外でも変わりはなく、宅配ボックスの設置や指定時間に合わせて在宅するなど、厄介なものになっている。

その解決策として、自動車メーカーのボルボ（Volvo）が自国スウェーデンで始めたのが、オンラインストアで購入した商品を、2時間以内に自分の車のトランクに配送してくれるサービス「イン・カー・デリバリー」である。

ボルボはスウェーデンのベンチャー企業アーブ・イット（Urb-it）と提携し、アーブ・イットが提供するリアルタイム配達サービス「アーバーズ」を利用する。この配達者に1回限り有効なデジタルキーを与え、利用者が車から離れていてもトランクの中に荷物が届けられる仕組みだ。

利用者は位置情報によってもっとも近くにいる配達者を選ぶこともできれば、配達者の名前を知ることもできる。盗難などのリスクが最低限に抑えられる工夫もしている。

一方、アマゾンのドイツ法人は、プライム会員向けに車のトランクに商品を届けるサービスを2018年4月に開始した。提携するのは自動車メーカーのアウディ（Audi）と、国際物流大手のDHLだ。

アマゾンでショッピングをするときに、配達先に車を指定し、オンラインマップで車の位置と配達時間帯を指定する。配達を担当するDHLは、アウディとアマゾンが共同開発したシステムによって車を探し出し、事前に取得した1回限りのデジタルキーでトランクを開けて荷物を入れる。このデジタルキーは、トランクを閉めた段階で即座に無効になる。

自分の車のトランクを配達先として指定できれば、再配達が不要になる。仕事先の駐車場で受け取ったり、旅行先で受け取ったりすることもできる。宅配の概念を根底から変えるサービスにチャレンジするのが、自動車メーカーであることが特筆される。

肌の状態に合わせて化粧品の中身を変える資生堂

資生堂は2017年11月、肌と美容に関する経験と知見をデジタル技術と融合させることで、スキンケアの個別最適化を実現する「オプチューン（Optune）」を開発した。

スマホに専用アプリをダウンロードし、自分の肌を撮影して肌のきめ、毛穴の状態、水分量などを測定し、クラウドに上げる。その肌データと気温・湿度などの環境データ、気分やコンディションなどのデータを独自のアルゴリズムで分析し、その日、そのときの肌の状態に最適なスキンケアのパターンを決定する。そのパターンがIoTの専用マシンに送られ、他に同じものがない配合の美容液と乳液が提供される。

肌の状態によって化粧品や美容液を変えるのは、女性にとって当たり前のことなのかもしれない。ただ、その肌の状態をデジタルによってデータ化し、気象データや他の客観データなどと組み合わせて分析したところが特筆される。

農家の生産性を高めたモンサントのサービス

クライメート（Climate Corporation）は、アメリカの気象情報や農務省が公開しているオープンデータをベースにした、農作物の収穫を妨げる悪天候等の要因に備えた収入補償保険を扱う損害保険会社だ。

実際に使用するのは、アメリカ国立気象局がリアルタイムで提供する、2・5平方マイル（約6・5平方キロメートル）ごとの雨量や気温などの気象データ、アメリカ農務省が提供する過去60年の収穫量データ、土壌の水分量を計測するセンサから上がってくる土壌データなどだ。これらのデータをもとにリスク分析を行い、保険価格を決定する。

クライメートは、2013年に農作物化学企業のモンサント（Monsanto）に約9億3000万ドルで買収された。モンサントの狙いは、従来の種や化学肥料を扱う農業資材メーカーから、農業分野の各種データを提供するサービス企業へと転換することだった。

買収後、モンサントはクライメートのデータとデータ分析技術を使い、新たなサービスを開始した。

人工衛星から送られてくる降水量や気温データ、土壌環境、農作物の生育状況に関する情報を無料で提供するほか、種まきや肥料、病虫害予防、収穫などのアドバイスを顧客に送信する。GPSを搭載したコンバインやトラクターと連携することで、大規模農場における収穫ルートのプログラムや、収穫量の測定ができるようにもした。

このモンサントのケースは、オープンデータを使ったデジタル化の成功例として特筆され、農家の生産性向上に大きく寄与している。

サービス業が価値を生み出すために必要なこと

国の経済レベルが上がるにつれて、サービス業の占める比率は大きくなる。日本においても、サービス業はGDPや雇用の70%以上を占めている。今後もサービス業のGDPに占める割合が上昇していくと予想されるなかで、サービス業の生産性向上は急務である。

経済成長を生み出す要素は「労働生産性」「資本生産性」「全要素生産性」の三つに分けられる。これを式で表すと、次のようになる。

実質ＧＤＰ成長率＝就業者増加率×労働分配率（労働増加による成長）＋
資本ストック増加率×資本分配率（資本増加による成長）＋
全要素生産性上昇率（質の向上による成長）

人口が減り続ける日本において、労働や資本の増加は見込みにくいため、全要素生産性の向上が重要な役割を担うことになる。全要素生産性とは、労働と資本の増加によらない生産の増加を表す概念で、質的な成長要因となるものだ。新しい技術の導入、新しいビジネスモデルの導入、ブランド戦略、革新的な経営戦略、知的財産や無形資産の有効活用、業務の改善などで引き上げられる。

デジタル化の流れを加速し、全要素生産性を向上させ、事業領域の再定義に対処していかなければならない。そのためには、頭を柔らかくして業界の常識を捨て、未来のことを考え続けるしかない。いままでの常識は、これからの時代には通用しなくなる。

かつてレコード・ＣＤ店に代わって台頭したＣＤレンタル店が、約30年にもわたって店舗数を減らし続けている。日本レコード協会によれば、１９８９年には６２１３店あったＣＤレンタル店が、２０１８年には２０４３店まで減った。３分の１になった計算だ。音楽のダウンロード販売やストリーミング配信の登場で、既存のＣＤレンタル店は変化せざるを得なかった。

書店も同様である。経済産業省の商業統計によれば、1988年に2万8216店あった店舗数が、2016年には8544店まで減った。国民の書籍離れに加え、インターネット通販の台頭や電子書籍の普及が書店の廃業につながっている。

生き残っているCDレンタル店や書店は、特定分野に特化したり、雑貨などを扱ったり、カフェを併設したりして、顧客に対して時間消費の新たな形を提案している。

デジタルは、サービス業においてもこのような事業領域の再定義を至るところで促進する。すべての企業が否応なく、新たな事業領域に進出していかなければいけない。そのためには**「ビジネスディベロップメント」と呼ばれる人が必要**だ。

シリコンバレーの新興企業では、新しい市場の創造に重要な役割を担うビジネスディベロップメントの活躍によって、大規模なビジネスが生み出されている。技術系の博士号を持つ人も多いビジネスディベロップメントが事業を構想し、戦略を立て、さまざまな業界を巻き込んでいる。それとともに、企業内の技術者集団をも巻き込みながら事業を創出している。

デジタル時代の事業創出は、すでに市場が存在する事業領域に進出することではない。**ある事業領域と他の事業領域との間に、新たな事業領域を創出すること**である。業界というくりではなく、業界と業界とを結び付け、市場を新たに創出するのがデジタル時代のビジネスディベロップメントである。

このような事業創出は、新興企業が得意であるように思われる。だがむしろ、大企業が有する潜在能力はきわめて高い。大企業には、人材、技術、資金、ブランド、流通チャネルなどのグローバルなインフラ、規制当局への対応など膨大なリソースがあるからだ。複数の事業領域の企業とウィン・ウィンで連携し、新たな市場をつくり上げるには、これらのリソースを上手に使いこなして大企業主導のイノベーションを起こすことが欠かせないだろう。新興企業だけでは、おそらく対応しきれない。

複数の企業を結び付けて価値を生み出すには、少なくとも「ブレない軸」「顧客の重視」「リソースの把握」が必要だ。

ブレない軸は、目標にたどり着くための道筋を進み続ける強い思いを持続させるために必要だ。強い思いがなければ、成功に至るまで工夫し続けることはできない。

顧客の重視は、協業相手を含む顧客を重視することで、顧客や取引先が何を求めているのかを理解し、多くの関係者間で信頼関係を築くために必要である。信頼関係を築けなければ、そもそも連携はできない。連携先の潜在力を引き出すこともできない。

リソースの把握は、企業が有するリソースを的確に把握し、ウィン・ウィンの関係をデザインするために必要である。組み合わせるべきものを把握したうえで、何をどのように組み合わせれば価値を創出できるかを考え抜かなければならない。

閉鎖的な組織のなかでトップダウンの意思決定がなされているようでは、このような事業創出は難しい。「利他の精神」で他の事業領域の企業や社会とオープンにつながっていかなければならない。

日本企業には、ビジネスディベロップメントの能力を潜在的に有する優秀な人材が数多くいる。しかも「三方よし」は日本人の得意とするところである。業界を越えた企業同士が、それぞれ補い合いながらつながっていくことができれば、デジタルでの新たな市場創出もうまくいくのではないだろうか。

DATA-
DRIVEN
ECONOMY

第3章

デジタルが社会の生産性を飛躍的に高める

1 社会課題を解決する「社会基盤としてのIT」

新しい体験を提供する「エクスペリエンスとしてのIT」

これからのITは、大きく二つの方向性に分類できる。一つは「エクスペリエンスとしてのIT」で、もう一つは「社会基盤としてのIT」である。

一つ目の「エクスペリエンスとしてのIT」は、これまでのITの流れの延長線上にある。新しい体験やいままで気づかなかった顧客価値を提供することで、**顧客に「楽しい」「面白い」「心地よい」「嬉しい」といった感情を呼び起こす発想だ。**

象徴的なのはB2Cの取り組みである。エンターテインメント系でユーザーに新しい感動を与えるものが多く、バーチャル・リアリティ（VR）やオーグメンテッド・リアリティ（AR）などが代表例である。

人気漫画『ドラゴンボール』の必殺技「かめはめ波」のような光の弾を放つテクノス

新しい体験を提供する「エクスペリエンスとしてのIT」

「HADO」は、ヘッドマウントディスプレイとアームセンサを装着し、エナジーボールなどの技を撃ち出して対戦するテクノスポーツ。「Gatebox」は、好きなキャラクターと一緒に暮らせるバーチャルホームロボット。

テクノスポーツ「HADO」

写真提供：株式会社 meleap

バーチャルホームロボット「Gatebox」

写真提供：Gatebox 株式会社

ポーツ「ＨＡＤＯ（ハドー）」は、ヘッドマウントディスプレイとアームセンサを装着して戦う。プレイヤーが漫画さながらに腕を突き出すと、エナジーボールが飛び出す。相手からのエナジーボールを体をひねってかわしたり、腕を振り上げてバリアで防御する。ヘッドマウントディスプレイにはＡＲの技術が使われ、リアルタイムのデータを反映させながらゲームが進む。

バーチャルホームロボット「Gatebox」は、より親しみが持てるバーチャルのキャラクターをインターフェースとしている。プロジェクション技術とセンシング技術によってボックス内に３Ｄの女の子を呼び出し、コミュニケーションできる。まさに顧客のエクスペリエンス価値を高めるロボットである。２０１６年12月に約30万円で販売された限定生産モデルは１カ月で３００台が完売した。

ほのぼの系は「まごチャンネル」だ。屋根のような三角形のボックスを居間にあるテレビに接続するだけ。簡単に誰にでも設定できる。息子が孫の画像や動画をスマホで撮り、クラウドにアップすると、三角形のボックスのランプが光る。いつも使っているテレビのリモコンを使ってダウンロードすると、息子が上げた孫の画像や動画が見られる。技術的にはそれほど特異なものではないが、コンセプトが面白い。

最近、カスタマー・エクスペリエンス、カスタマー・ジャーニーという言葉をよく聞くようになったが、消費者が求める体験価値を満たすのが「エクスペリエンスとしてのIT」である。

現代の顧客満足度を測る基準は、性能ではなくなっている。ADSLなどの電話網でパソコン通信をやっていたときは、とにかく通信回線を速くしてほしかった。それが顧客満足度につながっていたが、ある程度まで速くなると、それ以上速くしても顧客満足度は上がらない。そこで必要なのが、魅力的品質を高めるエクスペリエンスである。

地味だが影響の大きい「社会基盤としてのIT」

一方、これまでデータとして集められていなかったもの、**工場、社会インフラなどのアナログだった部分をデジタル化することで、新たな価値を生むITを「社会基盤としてのIT」と呼ぶ**。それは前述の「エクスペリエンスとしてのIT」よりも地味な世界だ。

目立たないとはいえ、実生活にはこちらのほうがはるかに大きな影響を及ぼす。それを使うことによってすぐに役に立ったり、嬉しいと思ったりするわけではないが、それがないと不便という感覚になる。社会の生産性を裏側から引き上げる基盤になり、社会的な課題を解決しているからだ。

技術のエキスパートが情報感度の高い人に向かって提供するのが「エクスペリエンスとしてのＩＴ」だとしたら、「社会基盤としてのＩＴ」は、技術が成熟したからどこにでも誰にでも広がっていくイメージだ。

成熟化とは、誰もがＩＴを困らずに使えるようになってきたということである。それは性能面でも、操作面でも、コスト面でもそうだ。蛇口をひねれば水が出るように、誰でも使えるようになって、身近になって、困らないレベルになった。そういう意味ではデジタルがようやく本物になってきたという印象が強い。

これから、「エクスペリエンスとしてのＩＴ」は、さらに突き進んで非常に感度の高い人に向けたサービスを展開していくだろう。ただし、それが一般化し、社会基盤のほうに下りてくるとは限らない。

一方で、**「エクスペリエンスとしてのＩＴ」で培われた技術のうち、全世界の住民が使える有効なものが社会基盤として広がっていく可能性もある。**だからこそ、この二つのＩＴは両方とも必要なのだ。ただ最先端だけをやっていると、ＩＴの本質を間違って伝えてしまう。社会基盤のＩＴのほうが地味だとはいえ、社会にとっては重要である。

最近は気候変動によるゲリラ豪雨や、未曽有の大地震などによって地すべりやがけ崩れが至るところで発生している。これらの自然現象を防ぐことは難しいが、がけにセンサを埋め込むことで地すべりやがけ崩れの予兆を察知し、人間に及ぶ被害を食い止めることはできる。

がけにセンサが付いたからといって、いつもの私たちの生活が変わるわけではない。しかし、災害が起こったときに、かけがえのない人命を失わずに済む。50年後の私たちが振り返ったときに「昔は、地すべりで人が亡くなっていたんだなあ」という感想を漏らすことでＩＴの大切さに初めて気づく。私たちは、がけにセンサが取り付けられたからといって、言われてみないとわからない。

このように、**気づかないところがじわじわと変わっていくのが、社会基盤としてのＩＴなのである。**

2 デジタルが医療・ヘルスケアを変える

医療は膨大なデータが活用されない非効率な分野

医療・ヘルスケア分野は、データを活用する余地がきわめて大きい。データを活用することで、アメリカでは毎年3000億ドルの価値を生み出せるという試算もある。日本に500万人の雇用者がいると言われるこの分野で、データを活用して生産性を高め、新たな価値を創出することは、日本の成長戦略にとってもきわめて重要だ。

そもそも、医療・ヘルスケア分野には、カルテ、検査結果、処方箋、レントゲン写真やCTなどの画像データ、遺伝子情報、健診結果、レセプト、バイタル、家族の病歴、処方履歴、製薬会社の研究データなど、膨大なデータが存在する。改めてデジタル化しなくても、すでに存在しているのだ。

これらのデータを活用することで、高齢化社会の加速による介護需要の増大、医療費の膨張、地域における医療従事者の不足などの課題に対応できる。健康寿命を延ばして医療費を抑制するには、医療の質の向上と効率化が必要で、そのときの核となり得るのがデータである。

日本は、強制加入の国民皆保険制度である。したがって、もっとも医療データを持っているのは国だ。国がその気になれば、すべての医療データを集めることができる。1億数千万人分のデータを活用できるポテンシャルがあるのに、うまく使われていない。

一方、アメリカは国民皆保険ではなく、基本的には任意に保険会社と契約する。保険料が高額のため、保険に入れるのはせいぜい数千万人しかいない。当然、医療データは一部の人の分しか集められていない。そういう意味では、日本は医療・ヘルスケア分野では、デジタルに関するポテンシャルが高いといえる。

ただし、ポテンシャルと実際は別の話だ。**かなりの数のデータが整理されずに集められていて、名寄せができなかったためデータを分類することができない**。IDがないと難しいということで、マイナンバーが必要になった。ところが、現在以降のデータの問題はクリアできても、過去のデータをさかのぼって整理することはできない。

イギリスは、国が「ペイ・フォー・レポート」という制度をつくり、病院が患者のデータを国に報告すると、インセンティブとしてお金をもらえるようにした。病院からデータを集めるには、面倒くさがる病院がレポートするためのインセンティブを与えなければならない。日本も海外のケースを参考にしながら、データを集めることに本気になったほうがいい。長い年月がかかるかもしれないが、少しずつでも改善していくべきだ。

エビデンスに基づく質の高い医療の実現

1999年にアメリカ医学研究所が提出した報告書によると、アメリカでは投薬ミスや医師の過労による医療過誤で、年間4万4000人から9万8000人の患者が亡くなっているという。2001年の報告書では、患者や患者の家族が期待している医療の質と、病院で実際に受けている医療の質との間に、「断層」と表現されるほど深刻な乖離が見られると書かれている。

そこで「個々の患者に対し、安全で、効果的かつ効率的、またタイムリーで公平かつ患者中心の医療の提供」を実現するための医療体制の構築が求められた。そのために、それまでは医療に携わる医師や看護師など個々の能力に原因を求めていた認識を改め、医療システムそのものに含まれる複雑さが問題の原因であると指摘し、ICTの導入を提言した。

これが「エビデンスに基づく医療（EBM：Evidence-Based Medicine）」。**データを重**

視するEBMに取り組むことによって、アメリカの医療の質は徐々に高まりつつあるという。

具体的な事例で見てみよう。

慢性疾患にかかっている患者は複数の症状を訴えることがあり、その複数の症状を改善するための治療を同時に受けることが多い。症状によっては別々の科、別々の医師から診療を受けることになる。

そのとき、どのような治療を受けているのか、どのような薬を処方されているのかといった情報がそれぞれの医師の間で伝達されないと、飲み合わせの悪い薬が投薬されてしまうなどの深刻なミスが発生する。複数の医療機関、介護施設、在宅サービスが連携し、患者のデータに直接アクセスできる場所があれば、このミスは低減できる。

医療・ヘルスケアでデータが果たす役割とは?

21世紀の医療・ヘルスケアにおいては、患者に対する医療の質の向上や効率化、医療に従事する医師や看護師の満足感の増加といった価値を提供するために、デジタル化によって得られるデータが核になってくる。

日本の高齢化はますます進んでいく。今後、いまよりもさらに医療と介護の需要は増大し、医師や看護師の不備によってさまざまなほころびが出てくる可能性がある。そのリスクを軽減するためにも、データが重要な役割を担う可能性を秘めている。

どのような診断がくだされ、どのような治療が行われ、どのように治癒したか。こうしたデータを蓄積して共有することで、医療の質を向上させることができる。ある地域における疾病の罹患率、要介護度の分布などのデータを現場にフィードバックすることで、治療の参考にすることもできる。薬に関する副作用のデータを収集できれば、患者に対して安全、的確かつ迅速に薬を処方するシステムも構築できる。

高齢化に伴い、長期にわたって治療を受ける患者は増加の一途をたどる。すべての患者を入院させることはできないため、在宅医療を効率的に行うときの核になるのもデータである。自宅での患者の状態や医療機器の稼働状況、かかりつけ医と専門医の診療記録など、関係者間でのデータの連携を緊密にすることで、家族や患者の肉体的・精神的負担を軽減することにつながっていく。

複数の医療機関にかかる傾向がある慢性疾患患者について、それらの医療機関のデータを連携・統合させることで、患者に煩わしさを感じさせない患者主体の医療サービスが実現できる。患者のライフスタイルに合わせた、適切かつ継続性のある健康増進アドバイスや生活習慣病の予防、重症化予防の取り組みにもデータが生きてくる。終末期の患者に対して生活の質（QOL）を維持するための緩和医療や精神面を重視した措置を施すときにも、データが有効になる。

こうした患者主体の適切な医療を実現するには、医師や看護師の負荷を軽減することも差し迫った課題だ。診断支援、治療支援、治療プロセスの最適化など、データを核としたICTが果たす役割は大きい。

持続可能な医療体制を構築するには、医療コストの削減は大きな課題である。個人のヘルスケアデータと、データに基づく医療を組み合わせることで、医療や介護コストの適正化と医療サービスの質の向上を同時に実現することができる。

国家レベルでもデータの収集、蓄積、共有に向けた取り組みは活発化している。

イギリスでは「一般診療研究データベース（GPRD）」と呼ばれる有償のデータベースが完備されていて、約500万人分の患者データが格納されている。製薬会社はこのデータベースを使うことにより、自社の二つの薬の併用による患者生存率を検証し、配合剤の開発に反映させている。

日本でも、2013年6月に閣議決定された日本再興戦略のなかで「国民の健康寿命の延伸」を目指す方策の一つとして、レセプトデータと健診データを分析し、データに基づいた費用対効果の高い取り組みを行う「データヘルス計画」が策定された。徐々に、データ活用の推進が本格化しようとしている。

医療は「リアクティブ型」から「プロアクティブ型」へ

データを活用することによる医療・ヘルスケアの進化は、医療のあり方にも変革をもたらす。

現在の医療は、医師や病院を中心として患者の疾患を素早く治す「リアクティブ型」である。患者から見れば、病気を自覚してから病院を訪れるのがリアクティブ型だ。それに対して、**これからの医療は患者や家庭やコミュニティを中心として、生活の質に着目した予防的な「プロアクティブ型」の医療になっていく。**つまり、病気になる前のケアを中心に考えていく形に変わっていくということだ。

データが常に取られていれば、医師や看護師はそのデータの変化を察知し、患者に対してプロアクティブに介入することができる。そのためには保険制度、診療報酬制度も変えなければならない。いまは予防に本腰を入れても医師が儲からないので、予防に対する動機づけになっていない。プロアクティブ型にシフトしていくような制度に、医療界全体を変えていく必要がある。

この変革をドライブする核となるのもデータである。

現在の医療は「ワンサイズ・フィッツ・オール」型である。つまりＡという疾患に対しては、Ｂという治療を行うという画一的な医療だ。しかしデータが増えれば診断の精度も高くなり、「個別化医療」「テーラーメイド医療」を実現することができる。

ヘルスケア・ビッグデータを扱うアメリカのＩＢＭエクスプロリズ（IBM Explorys）は、診療データと保険料データに基づき、喘息《ぜんそく》を五つから六つの種類に分類し、それぞれに応じた処置を行うサービスを提供している。同じ喘息という疾患でも、個人によって特性が異なることを、過去の病歴データから確認できるのだ。

患者が発作を起こす場所についても、患者の位置情報と他のデータを照合すれば明らかにできるかもしれない。これまでは気づくこともできなかった原因がわかり、治療に役立てることも可能だ。

血圧が常時測定できるようになると、食事の前後で血圧がどれだけ変化したか、階段を上がるときにどれだけ血圧が上がったかなどがデータとして取れるようになる。医師はそれを見て、病気が悪化する前に介入することができる。

個別化医療、テーラーメイド医療を提供するには、複数の医療機関や薬局に分散する健康関連情報を集約した「パーソナル・ヘルスレコード」が必要となる。身長、体重、血液型、アレルギー、副作用歴、診療記録、投薬記録、運動実績などを一元管理する仕組みだ。

パーソナル・ヘルスレコードを使うことで医師による診断の精度が上がり、禁忌薬のチェックなどが可能となる。個人の生活状況を把握したうえでの疾病管理、疾病予防、健康増進などのサービスも実現できる。各所に分散されて蓄積されているデータを連携させて共有するだけで、日常生活に密着したきめ細かい診療が受けられる。

昨今は遺伝子の解析技術の急速な進展にともない、遺伝子データを容易に入手できるようになった。これも個別化医療を後押しする要因となっている。遺伝子データは、個人の特性を特定する究極のデータである。C型肝炎治療薬、抗てんかん薬、経口避妊薬などの薬への反応も把握できる。

パーソナル・ヘルスレコードを展開するには、個人の医療・健康データの流通が欠かせない。医師や病院に対する経済的利益がなければ、データの流通は進まない。

疾患には、まだまだ解明できていない未知の領域が膨大に存在する。データを利用することで将来何が起こり得るかを予測することができれば、健康寿命を延ばしたり、医療費を低減させたりすることに大きな効果を発揮するだろう。

参入が相次ぐモバイルヘルス市場

モバイルヘルスとは、健康、医療、介護といった広義のヘルスケアに対し、無線通信技術を使って提供されるサービスのことを指す。

患者は在宅したままで体温、心拍数、血圧などを測定し、医療機関に送信することで通院する負担を軽減したり、迅速かつ的確なアドバイスを受けたりすることが可能となる。医師や病院、製薬会社などの医療関係者は、患者のデータを収集・分析することで診療の質の向上、さまざまな医療サービスの高度化が可能となる。

高知県の医療支援ベンチャー、エクスメディオは、専門医と非専門医をつなぐ遠隔医療サービスを提供する。在宅医療や僻地《へきち》での診療に携わる医師が、自分の専門外の分野の症例に直面して診断に躊躇したとき、スマホのカメラ機能で患者の患部を撮影し、状態などの情報とともに送信すると、平均30分程度で専門医からのアドバイスを受けられる。

糖尿病患者を対象とした、血糖値データの医療機関への送信サービスも登場した。新興国においては、咳、発熱など一般には風邪《かぜ》と診断される症状の患者に対して、携帯電話によるアドバイスが行われている。

従来は制約の多かった検査や診断を、モバイルヘルスによって日常生活に近い状況で実施できるようになりつつある。患者の心理的、肉体的な負担を軽減することで、病気の早期発見や正確な診断にもつながっている。


モバイルヘルスが対象とする領域は広い。医療教育、電子カルテ、診断ツール、医学事典、健康関連情報の記録・管理ツール、服薬コンプライアンス（患者が決められた通りに服薬すること）、睡眠時間、フィットネスや栄養など多岐にわたる。

将来有望な市場と認識されているモバイルヘルスには、すでに多様なプレイヤーが参入し始めている。製薬会社は、医療機関向けと患者向けの双方のアプリを開発・投入している。通信事業者もフィットネス系のサービスだけでなく、心拍数、血圧などに基づいて慢性疾患のある患者や妊婦のモニタリングを開始している。

モバイルヘルス市場で勝ち残るためには、**医療・ヘルスケアに関するデータを容易かつ大量に収集し、パーソナル・ヘルスレコードと連携させることで、患者に対してどれだけ新しい価値を提供できるかがポイントとなる。**

ただし、モバイルヘルスではプライバシーへの配慮以外にも、考えなければならないことが多い。モバイルヘルス市場では1社だけではサービスが限られてしまうため、多様なプレイヤーが連携してエコシステムを構築しなければ、患者、顧客が納得する価値は提供できない。集めたデータに魅力があり、多くのサードパーティが集まるようなエコシステムにすることが求められる。

フィットネス市場を対象とするモバイルヘルスは、顧客に対して提供する価値についての科学的根拠がわかりにくい点が問題になっている。ウェアラブル市場に出回っているセンサは、フィットネス市場をターゲットにしたものが多い。ところが必ずしも付加価値が明確になっていない。

付加価値が高く、市場が大きい医療系サービスにおいて、規制緩和が追いついていないことも直視しなければならない。日本では、医療機関に対する規制が厳しく、診断や治療などの医療行為を提供するサービスを行うことが難しい。進化した技術力を経済成長につなげるには、制度のあり方を含めた成長戦略を考える必要がある。国や地域ごとに医療体制や保険制度が異なるため、ローカル化の検討も必要だ。

プロアクティブ型医療を支えるオンラインコミュニティ

これからの医療が患者や家庭、コミュニティを主体とするプロアクティブ型になっていくとき、それをサポートするのがオンラインコミュニティだ。

難病患者向けのSNSはその代表例である。患者同士が経験や知恵を共有することで新しい情報を入手し、生活を改善することを目的としている。参加者は自分の日々の検査データを入力すれば病状も管理でき、研究者は集積されたデータを共有して治療法の開発に役立てることができる。

さまざまな可能性を秘めているオンラインコミュニティだが、効果、質、安全性などの面で詳細な検討が必要となる。

患者同士で交わされる「薬が効いた」「効かなかった」という情報は、医学的に見た治療効果と必ずしも一致しないことがある。診断や治療根拠、薬の処方の目的が、患者に正しく伝わるとは限らない。治療の有効性に関する情報共有のあり方の検証が必要である。

セキュリティやプライバシーの問題も避けられない。個人情報が悪用される危険性があるからだ。病歴や手術後の生存率の情報などは、保険契約など別の形で利用されてしまうことも考えられる。得られるメリットとリスクをよく検討し、健全な形で発展させていかなければならない。

身体の一部となるウェアラブル機器

スマホやタブレットを複数持ち歩く人はいるが、眼鏡型や腕時計型のウェアラブル機器を複数装着する人はいない。**ウェアラブル機器は一人の身体に「陣取り」をしてしまうと、それ以上に広がることが難しく、大きな参入障壁になる。**

参入障壁が生じれば、ウェアラブル機器の市場は限られてしまう。市場の拡大を考えると、ウェアラブル機器は眼鏡型や腕時計型のように「装着する」タイプから、より身体の一部となる方向に進むと考えられる。コンピュータ、通信、記憶装置の高性能化と小型化が指数関数的に進むことで、身体の一部となるウェアラブル機器が実現できる。

その代表的なケースが、２０１４年に試作品を完成させ、臨床試験を実施したグーグルのカメラ内蔵型コンタクトレンズである。コンタクトレンズの高分子フィルムにチップとＬＥＤを埋め込み、装着者の涙から継続的に血糖値を測定し、ＬＥＤ表示する。これによって、血糖値を常に把握できるようになる。

数千ものＬＥＤをコンタクトレンズに埋め込むことができれば、眼鏡型ウェアラブル機器は必要なくなる。仮想網膜ディスプレイ機器をコンタクトレンズに埋め込み、網膜に直接映像を映し出す方法も、物理的には実現可能だ。極小のマイクロレーザをレンズに埋め込み、網膜に直接焦点を結ぶことで、鮮明な画像を送ることができる。

こうしたスマートコンタクトレンズが実現すれば、外界との接触の仕方に根本的な変化が生じる。スマホなどの表示画面をコンタクトレンズが代替してくれるので、もはやモバイル機器さえ不要な世界が実現するかもしれない。

布にセンサが縫い込まれた素材も登場した。NTTと東レは、ナノファイバ生地に高導電性樹脂を特殊コーティングすることで、耐久性に優れ、心拍数や心電波形などの生体信号を高感度に検出できる機能素材「ヒトエ（hitoe）」を開発した。

生地にセンサが縫い込まれるようになれば、呼吸や体温などの生体信号を常にモニタリングすることができ、生体信号の乱れをすぐさま検知することができる。周囲に誰もいないところで異常が起こっても、衣服が着用した人の状態を感知し、自動的に救急車を呼ぶことができるようになるかもしれない。

生地にDNAチップが埋め込まれるようになれば、がん抑制遺伝子の一つ「p53遺伝子」の検出も可能となり、がんに対する見方も根本的に変わることになる。

ウェアラブル機器が身体の一部になることで、脳とコンピュータとの距離が縮まっていく。最終的には、脳と直接信号をやりとりする時代がやってくるかもしれない。いわゆる「ポストヒューマン」「サイボーグ」の時代である。

ナノテクノロジー技術と遺伝子技術が私たちの将来に与える影響はきわめて大きい。このような世界の一歩手前の段階としてウェアラブル機器を位置づけると、人に埋め込んで強化したい機能は何かという問いかけをしながら開発が進められることになる。

現時点で考えられるウェアラブル機器の用途は「見える化」である。いままで見える化されていなかった生体情報も、ウェアラブル機器によって見えるようになる。

アメリカのベンチャー企業スキャナドゥ（Scanadu）が開発した「スカウト（Scout）」は、こめかみに当てるだけで体温、心拍数、呼吸数、血中酸素飽和度、不整脈、血圧などを測定できる。他にも血糖値をリアルタイムで計測できる生体内インプラントセンサ、病気が深刻になる前に警告するＤＮＡチップなど、さまざまな機器が登場している。

ウェアラブル機器を使って病院外で計測されるデータは、医師にとって貴重なものとなる。病気の兆候をいち早く把握できるようになり、病院の内と外での一体的な医療行為の提供が可能となる。それによって、医療や健康管理のあり方も変わる。

見える化のもう一つの将来は、超人的な身体強化だ。

シリコンと生体細胞が融合され、圧力や温度を感じる有機材料を使った「ロボットスキン」も開発されている。人間が部分的にロボットになる時代は、すぐそこまで来ているのだ。聴覚や視覚を取り戻す人工蝸牛《かぎゅう》や網膜インプラントなどの技術が進むと、人間は動物が備える優れた知覚能力や運動能力を手に入れられる。遺伝子技術と組み合わせれば、夢のような超人的な身体強化が可能となり、進化の制約から解放される。

薬の飲み忘れを防ぐデジタル薬

本当に処方した薬を飲んだのか。決められた時間に決められた量を飲んだのか。高齢者の薬の飲み忘れや、薬嫌いの患者が嘘をつくことは、患者の治療を進める医師にとって大きな問題となっている。それらをデジタル技術を応用して解決する方法が、さまざまなメーカーから登場している。

大塚製薬は、薬のパッケージにセットする「服薬支援モジュール」を開発した。薬の包装容器に通信機能付きの服薬支援モジュールを取り付けることで、服薬の時間になるとＬＥＤが光って患者に知らせる。患者がパッケージから薬を取り出すとＬＥＤが消灯し、薬を取り出した時刻が、無料で提供される専用のスマホアプリに送信される。その情報は医師や家族に通知することもできる。決められた時間に薬が取り出されなければ、医師や家族が電話やメールで服薬を促すこともできる。これで飲み忘れを防ぐことができる。

ただ、この機能は薬を取り出す行為をデータ化しただけで、本当に薬が体内に入ったかどうかはわからない。大塚製薬とアメリカのプロテウス・デジタル・ヘルス（Proteus Digital Health）は、体内に薬が入ったことを確実に記録するデジタル薬「エビリファイマイサイト（Abilify MyCite）」を開発した。

錠剤に埋め込まれた極小のセンサが胃に到達すると、胃酸で電池が作動してセンサが動き出す。その信号を患者の身体に貼り付けたセンサで検出し、薬が体内に入ったことが確認できる。同時に、検出器からスマホに信号が送られ、患者が服薬したことがアプリに記録される。胃に入ったセンサは、便と一緒に体外に排出される。服薬支援モジュールと併用すれば、ほぼ確実に飲み忘れを防ぐことが可能となる。

ウェアラブルというわけではないが、日々身体に接触する道具をデジタル化することによって、新たなデータを収集することもできるようになる。

ハピラブズ（HAPILABS）という会社は「Eat slowly, lose weight, feel great!」をスローガンに、食事をするときに速く動かすと振動するフォークを開発した。商品名を「ハピフォーク（HAPIfork）」と言い、フォークそのものの売り上げではなく、食生活に関するデータを収集する機能に対して期待と関心が寄せられている。

歯ブラシにセンサを付け、磨き残しを教えてくれるのがスマート歯ブラシだ。歯ブラシをきっかけにすべての人の歯の情報や口の中の情報を集められるようになれば、ビッグデータ化して健康管理ができるようになり、唾液のセンサで健康に関するデータを取れるようになるかもしれない。

医療データの活用には多くの課題がある

医療・ヘルスケアのデジタル化では、個人情報保護が問題になる。

そもそも医療はセンシティブなデータを集めなければならないため、データを集めるときのルールを厳格に定めなければ、提供者側の同意は得られない。

薬の副作用データであれば、患者も収集に同意してくれる。自分にも副作用があるかもしれないからだ。

しかし、医療データはプライバシーと密接に関わるデータであり、だからこそデータの取り扱いにルールが必要となる。２０１３年、ＩＴ総合戦略本部に「パーソナルデータに関する検討会」が設置され、ルールの議論が始まった。その後、官民データ活用推進基本法の制定や個人情報保護法の改正など、データ利活用・流通に向けての条件整備や制度設計が進みつつある。ルールが明確になれば、医療・ヘルスケア分野でデータの有効活用に向けた活動が活発になっていくはずだ。

ただ、問題もないわけではない。**個人情報保護法制2000個問題**だ。

これは、個人情報保護の法律や条例が国と都道府県と市区町村とですべて違っていることから、日本中の法令数2000個にちなんで、2000個問題と言われている。法令はすべてバラバラ、国立病院、県立病院、市立病院、個人病院によって管理方法も対応の仕方もすべて違うので、取り扱いに困っているのが現状だ。

個人情報の取り扱いが統一化され、共有されるとデータ収集に関するハードルが低くなる。そうなると、一気にデジタル化は進む。個人情報保護法制2000個問題は、医療・ヘルスケア分野のデジタル化の本質に関わる問題だ。これを改善していかないと、いつか齟齬《そご》が生まれるだろう。

そのなかで、佐渡島の病院は「さどひまわりネット」という病院間をつなぐシステムを動かしていて、これがうまく機能している。佐渡総合病院と、島内の市立病院と個人病院、介護施設が電子カルテを共有できるようになっていて、データも共有できる。

病院間ネットワークは、税金をつぎ込んで連携させるプロジェクトが多いが、税金がなくなった途端に機能が停止する。しかし佐渡島だけは、個人病院や介護施設が資金を負担して継続している。個人病院と介護施設のメリットは、総合病院で測定した患者のデータを見られることである。

なぜ佐渡島だけができるのか。

佐渡島には中核病院が佐渡総合病院しかないからだ。他の地域は大学病院、県立病院、市立病院など、核になる病院がありすぎて、それぞれが牽制し合っているためピラミッドが形成されにくい。

医療コンテスト「ヘリテージ・ヘルス・プライズ」

産業におけるリアルデータの収集と同じように、患者の行動履歴データなどもセンサ技術の進化で集められるようになった。医療・ヘルスケア分野においても、どのようにデータを活用していくかを考えるべきフェーズに入りつつある。

その一例が「ヘリテージ・ヘルス・プライズ（Heritage Health Prize）」である。アメリカのコンテストサイト「カグル（Kaggle）」で立ち上げられたヘリテージ財団によるプロジェクトで、優勝賞金1億円をかけたビッグプライズである。

具体的には患者70万人の3年間分のデータ（患者ＩＤ、年齢、性別、医者ＩＤ、医療機関ＩＤ、曖昧化された診療行為、入院日数など）に基づき、4年目の患者の入院日数を予測するアルゴリズムを開発するコンテストである。過剰な入院を防ぐために、どのような患者が入院するのかを特定し、入院が必要とならないように予防することを目的とする。

1億円の賞金に惹かれ、全世界から有能なデータサイエンティストが集まった。彼らが膨大なデータからマイニングした成果は、新たな価値を生む可能性を秘めている。医療・ヘルスケア分野のデジタル化は、データによる価値創出を容易に実現できる環境を整えた。

ちなみに、データサイエンティストが集まるコンテストサイトを運営すると、コンテストのたびに有能な人材が集まってくるので、応募者情報とコンテストの結果データから、全世界のデータサイエンティストの人材データベースが集積できる。そこに目をつけたグーグルは、２０１７年にカグルを買収した。

3

農業は生産性向上の宝庫

2050年までに日本人が住んでいる面積の22%が無人化

国土交通省が2011年に発表した「国土の長期展望」をもとに作成したのが次ページの図である。

日本人が住んでいるのは、日本の国土から見ると約半分にすぎない。そして、**2050年までにその居住面積の21・06%が無人化する**という。家は人が住んでいると荒れないのに、空き家のまま放置すると荒れていく。同様に、人が手を加える土地は荒れないのに、無人化すると国土は荒れる。したがって、農業を継続していかないと国土は守れない。国土保全という観点からも農業は重要で、農業はきちんと残していかないといけない。「食料・農業・農村基本法」の第三条に、こう書かれている。

日本の居住地域の約2割が無居住化する

2005年を100とした場合の2050年の人口増減割合別の地点数を示したもの。2050年には日本の居住地域の21.6%が無居住化し、人口が増加する地点はわずか1.9%にすぎない。

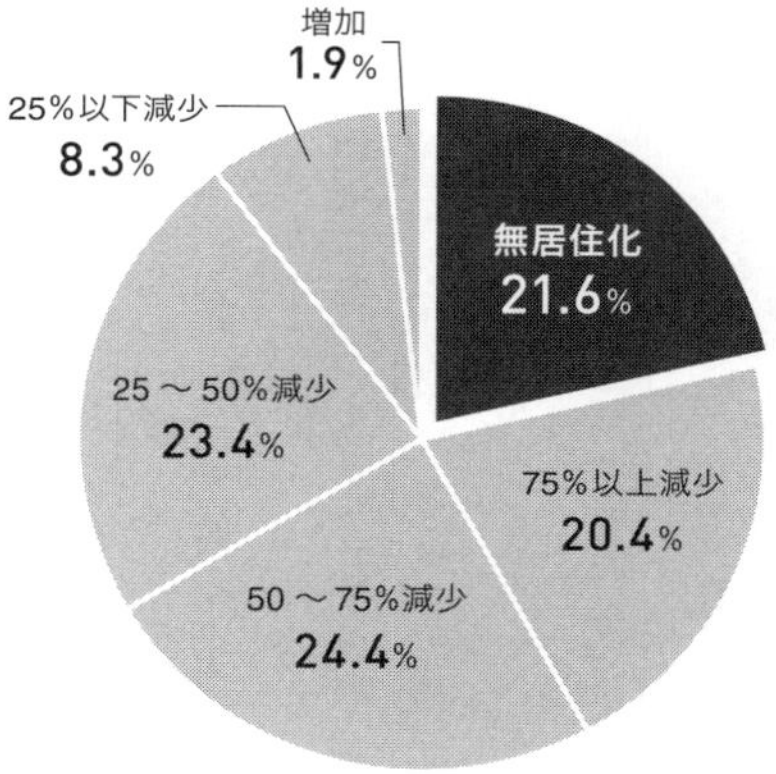

出典：国土交通省国土計画局「国土の長期展望」中間とりまとめ、2011年2月をもとに作成

国土の保全、水源のかん養、自然環境の保全、良好な景観の形成、文化の伝承等農村で農業生産活動が行われることにより生ずる食料その他の農産物の供給の機能以外の多面にわたる機能（以下「多面的機能」という。）については、国民生活及び国民経済の安定に果たす役割にかんがみ、将来にわたって、適切かつ十分に発揮されなければならない。

「食料・農業・農村基本法」第三条

農業は、単に食料をつくる役割だけではなく、もっと深い意義がある。しかも儲かる農業ができるようになれば、農業従事者は増える。農業の舞台の中心となる地方に人が戻っていく。儲かる農業、かつ肉体労働一辺倒ではない効率的な農業。これができれば日本の農業は変わり、国土の状態も変わる。

経験と勘に頼ってきた農業からの脱皮

つくっている作物は毎年同じでも、その年ごとの気象条件によって収穫量や品質が大きく変わってしまう。だからこそ、農業に従事する人は経験を積んで勘を養おうと努力してきた。いつ種をまき、肥料を入れ、収穫したか。その間、気象条件はどのように推移したか。そして、結果として収穫量と品質はどうだったか。これらを記録し、記憶してきた。そしてそれを頭に叩き込み、自らの経験と勘にした。

ところが、農業に従事する人が減少するなかで、より効率的な収穫を目指すため、近年は農業従事者がアナログで蓄積してきたデータをデジタルに移行し始めている。経験と勘に頼ってきた農法を、データを活用した農法に変化させつつある。

田んぼや畑にスマホやタブレットを持ち込み、作業内容や時間、気象条件などをその場でインプットする。そのデータを蓄積することによって、農業を数値化し、見える化している。そこでは、もはや経験や勘は必要ない。

ただし、この流れが一気に進んでいるわけではない。

そこには、**農業従事者の立場が、IT企業の担当者より不当に強くなっている現実がある。**農業従事者の言い分は「安い機器を持ってきたら、使ってあげてもいい」だ。しかしそれではデジタル化は進まない。

農業従事者とIT企業の担当者が、現状のアナログの視点における問題点を一緒になって考え、工夫しながらよりよい方向を探る姿勢が不可欠だ。そもそも、IT企業の担当者は農業のことをわかっていない。わかるはずがない。お互いに真摯な姿勢で対応しなければ、問題の解決には至らない。

稲作の場合、農業従事者にもそれなりの理由がある。稲作は、生産者がもともと儲かっていない。大規模農家であればまだしも、稲作向けのセンサを、高額のお金を出して買える人がいない。しかも、大規模農家や外食や小売から参入しているところはIoTに対する意識は高いが、普通の農家はよくわかっていない。お互いに踏み込めない点が、現在の状況をつくっていると言えなくもない。

水産業の未来を拓くノルウェーの取り組み

デジタル化がうまくいっている一次産業は、畜産業だ。第1章でご紹介したように、アグリガールが仕掛けた「モバイル牛温恵」は1セット当たり約50万円するシステムだが、すでに数千セットも売れているという。その他にお試しとして100セットを貸し出しているが、常に貸し出し待ちの状態で、借りた人のほとんどが購入するほどの人気商品になっている。

畜産業の肉牛部門がデジタルに進みつつあるのは、市場原理が浸透している世界だからだ。創意工夫しなければ、生き残れないのが肉牛農家なのだ。それに対して稲作は補助金行政なので、工夫する動機付けが弱い。状況はかなり違う。

水産業も頑張ってはいるが、日本ではなかなかビジネスにならない。その点、ノルウェーのケースには可能性を感じる。

ノルウェーの漁船は漁獲重量と体重組成を船の上ですべてデータ化する。その漁獲データを漁業組合に伝え、漁業組合はインターネットのオークションサイトに公開し、入札を募る。落札者が決定すると、その漁船は落札者が指定した港に行って水揚げする。

日本は地区ごとの漁業協同組合が強く、組合員でもある漁師は必ず同じ港に戻る。自分が所属する港でしか入札が行われないため、高値が付く可能性は低い。生産者である漁師がもっとも儲かる仕組みを考えると、ノルウェーの漁船のようにデータ化した情報をもとにいちばん高値を付けた港に持ち込むシステムは参考になる。

世界をリードするオランダ施設栽培の環境制御技術

データを活用した農業で一歩先を行くのが、ビニールハウスやグリーンハウス（ガラス温室）で野菜や花を栽培する「施設栽培」の分野だろう。

施設栽培では、基本的な項目だけでも温度、湿度、二酸化炭素濃度、光の強さ、日射量、風向き、風速、降雨、養液濃度などさまざまなデータを扱う。これらのデータは、ハウス内が作物にとって最適な環境になるために必要だからだ。ハウス内を自動制御するシステムの導入も進む。温度センサを設置することで、状態によっては窓を閉めたり開けたりする動作をも自動化している。

この施設栽培の環境制御技術の分野でデジタル化が進んでいるのが、オランダだ。日本の施設栽培業者が自動制御を取り入れているとはいっても、せいぜい窓の開閉や空調の自動制御ぐらいだ。しかしオランダの施設栽培業者は、二酸化炭素濃度、日射量、風向きや養液濃度などまでコントロールしている。基本的に、種を植えるところだけ人の手で行うが、それ以外は全自動で育成させていく。

このシステムの違いは、日本とオランダの生産性の違いに直結している。施設栽培の代表的作物であるトマトの生産量は、日本が1平方メートル当たり20キロ前後なのに対し、オランダは70キロにも上るという。

オランダの農業の生産額を如実に表すのが、**オランダがドイツに輸出する農作物の額と、オランダがドイツから輸入する自動車の額がほぼ同じ**ということだ。オランダの農業はそのくらいインパクトのある産業になっていて、その要因はデジタル化に伴うデータの管理と自動制御に由来する。

デジタル化がさらに進むと、施設栽培に必要な装置を、装置メーカーが生産者に無料で使ってもらうモデルが出てくるかもしれない。その代わり、生産者が栽培したときのすべてのデータを装置メーカーが吸い上げ、ノウハウがデータとして装置メーカーに蓄積されていく。装置メーカーは、そのデータをもとに装置に改良を加え、もっとおいしい農作物が効率よくつくれるようになっていく。

さらに、そこで栽培された農作物は一括して装置メーカーのものとなり、生産者はその売り上げの一部を手にするビジネスモデルが登場するかもしれない。農業も、データによるデジタル化によって、ビジネスの方法が変わる可能性が出てくる。

施設栽培については、このような明るい未来が期待できる。デジタルは進化し、あらゆるデータが新たな価値を生む源泉になっていくだろう。しかし、日本の露地栽培（屋外での栽培）は厳しい状況にある。デジタル化できたとしても、途方もない時間がかかる。なぜなら、小規模農家が多く、市場の力も強く働いていないからだ。

たとえば、水田の水位を測るセンサがある。

稲作農家は、毎朝水田を見回りして水位をチェックする。水の量は、稲の育成にもっとも重要な要素の一つだからだ。この水位センサを付ければ、わざわざ見回りに行かなくても水位をリアルタイムで監視できる。人の目で監視するより、効率的で正確だ。

しかし、生産者にはなかなか訴求できない。これまで毎朝のように見回りをするのが習慣になっているから、面倒だと思っていないのだ。しかも、製品の価格が高いとも感じている。苦にならないルーチンワークに、わざわざお金を出すことはしないということだ。

一見、生産者に理がありそうな話だが、それは違う。センサによって水の量や温度のデータが克明に記録されていけば、いままで見えなかったことが見えるようになる可能性がある。データと収穫量に因果関係を見出せたとしたら、生産性を上げるチャンスにつながるかもしれない。

しかし、なかなかチャレンジしてくれない。稲作に限らず、いまの段階ではどの業界でもこのような姿勢が多い。だからデジタルが普及しない。

不作の原因を特定する「農匠ナビ1000」

高齢化に伴う離農者の増加は、規模拡大を推進する農家に水田を集積させる動きを加速させている。日本にも、大規模経営を行う農家が増えつつある。政府も農業の大規模化が進むという予測に基づき、大規模経営に適した栽培技術や経営管理技術を確立し、次世代に伝えるためのプロジェクトを実施している。

それが「農匠ナビ1000」である。

大規模稲作農家、行政、企業、研究機関、JAなどで組織した「農匠ナビ1000研究コンソーシアム」を立ち上げ、2014年から四つの稲作法人が管理する1000枚の水田を実験場に、ICTを稲作に活用するための実証実験が行われている。

主な技術として実験を進めているのは「ITコンバイン」である。稲の収穫を行うコンバインにコンピュータが搭載され、稲を収穫すると水田1枚ごとの作業時間や収穫量、燃料消費量が自動的にクラウドに保存される。これらのデータを収集することで水田ごとの収穫量の差が明らかになるため、ある水田の収穫量が極端に少なかった場合、その原因特定のための基礎データとして使うことができる。

もう一つの実証実験は「水田センサ」を活用したクラウドシステムの構築である。水田に設置したセンサから、気温、湿度、水位、水温などのデータがリアルタイムでクラウドに送信され、稲作法人はスマホやタブレットで確認することができる。この実証実験では、1000枚の水田にセンサを設置し、10分間隔のデータを保存している。これほど大規模な実証実験は、世界でも類を見ない試みだという。

この「ITコンバイン」と「水田センサ」からのデータによって、収穫量の少ない水田に共通点があることを発見したのが、茨城県の横田農場の横田修一社長である。

水田は常に水が張られているため、土の中の酸素が不足して有毒なガスや酸が発生しやすく、稲の根の発育に悪影響を及ぼすことがある。それを避けるため、田植えをしたあとに1日水を抜き、太陽光を当てて乾燥させ、土中に酸素を供給する作業を行う。収穫量の少なかった水田は、この「中干し」の期間が短かったという。

横田社長は、従業員から「中干しの期間はすべての水田で同じだった」と報告を受けていたが、蓄積されたデータを見ると、水田によってバラつきがあることが確認できた。I

ＣＴを活用しなければ、原因を特定することはできなかったかもしれない。

稲作農家にとって、水の管理は他のどの作業よりも気を遣う重要な仕事だ。先ほど触れたように、それをセンサに任せるのは、経験と勘に頼ってきた生産者にとっては不安になるのかもしれない。

しかし、センサによる管理は経験と勘より正確で、さらに人手では不可能なほどきめ細かくデータを管理できる。とくに、大規模農家になればなるほど見回りをする労力がかかり、分担すれば人によって見回りの質に差が出てしまう。

もっとも収穫量の上がる水管理のパターンをデータ化し、マニュアル化できれば、誰にでも同じことができる。経験の浅い新規就農者でも、熟練農家が行ってきた水管理ができるようになるのである。

食品と健康の相関関係も明らかに

農業と食に関するデータは、すでに種類、量ともに膨大に上っている。このビッグデータと農業経営は、切り離して考えられなくなっている。これらのデータを活用し、新たな価値を生む農業を「データ駆動型農業」と呼ぶ。これは、ひとえに農家の生産性向上や技術の継承だけにとどまらず、消費者の健康維持、増進にも役立つ。
いまのＩＣＴを使えば、1本のニンジンが手元に届くまでの情報を手に入れることができる。

- ニンジンが育った土壌、水に関するデータ（土壌診断・水質調査）
- 栽培に関するデータ（品種・肥料の種類、農薬の使用履歴）
- 品質に関するデータ（糖度・機能性）
- 残留農薬に関するデータ

これらのデータに、個人の生活習慣病などの病歴を含む自己診断データを組み合わせることで、消費者が摂るべき野菜を提案する時代がやってくるだろう。もちろん、野菜の栽培方法や品質と、健康との相関関係が科学的に実証されたという前提が必要だが、デジタル化が進むことによって農産物に関するデータと消費者の食に関するデータが蓄積されていけば、**曖昧だった食品と健康との相関関係も、徐々に明らかになっていくはずだ。**

この技術を応用すれば、たとえば「疲れ目に効く機能性食品を食べたい」というリクエストに基づいて、有効成分が豊富に含まれる農産物を種の段階から開発し、生産から流通

データ駆動型農業が影響を及ぼす領域

農業のデジタル化は農産物の生産性向上のみならず、さまざまな領域に影響を及ぼす。たとえばリサイクルの領域では、生産者は消費者のニーズにマッチした生産を行うことで、農作物の廃棄を減らすことができる。

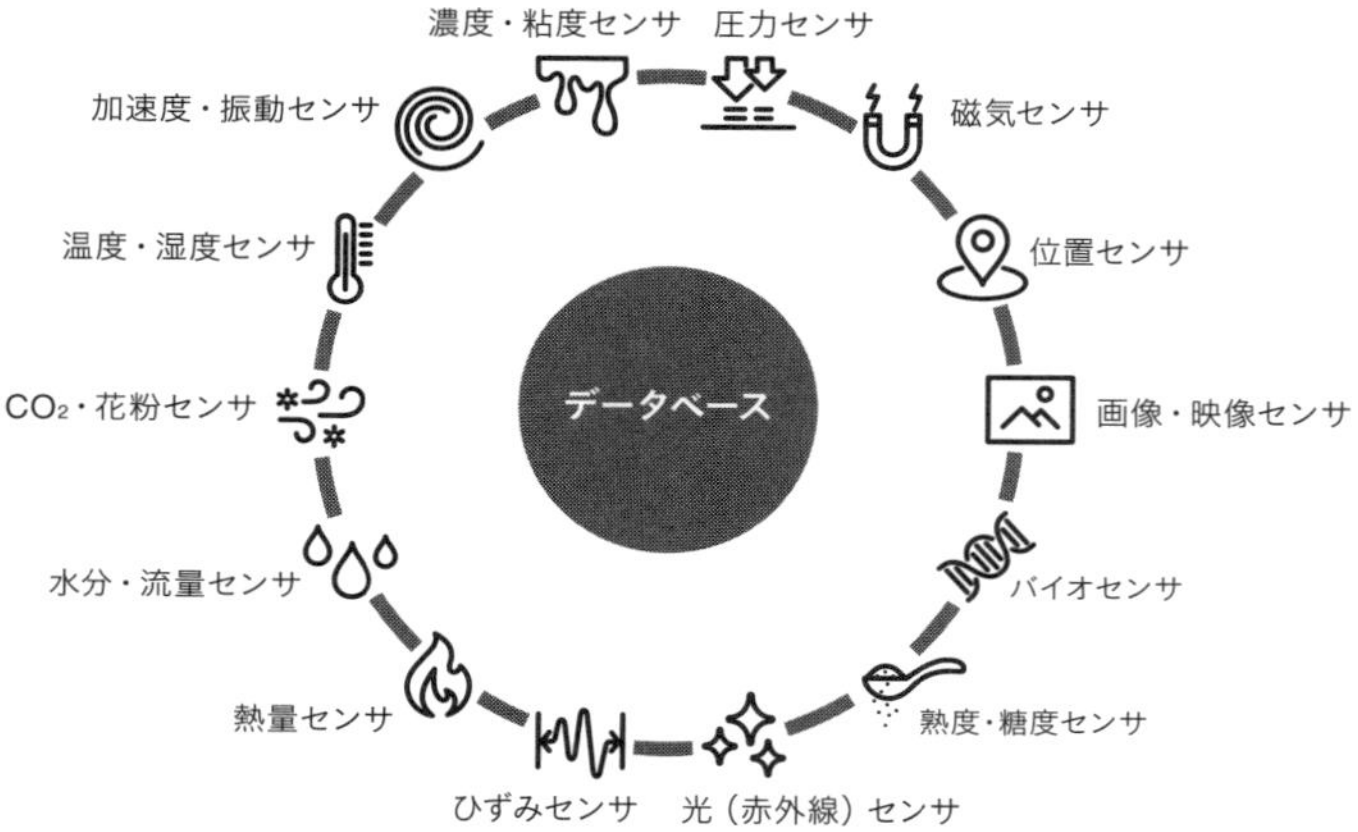

健康管理

- 食生活から、未来の健康状態が予測できる
- 野菜の栽培履歴があなたの健康管理に役立つ

未来予測

- 未来予測から、適応した作物への転換や育成方法に変更
- 地域に密着した長期気象変動を織り込んだ作物・種への転換

リサイクル

- 農業資源を循環させることで地球に優しくふるまえる
- 農業資源を循環させることで農業文化に触れられる

エネルギー

- グリーン農工商サイクルによる低環境負荷型農業の確立
- データセンター等の廃熱利用による一体型エネルギー管理

健康、安心・安全

- 自分の健康状態に合わせた野菜を最適に選択できる
- 自分の健康状態に合わせた野菜を最適につくれる

地域

- 豊かな地域環境が保たれる
- コミュニティが維持される

出典：東京大学アンビエント社会基盤研究会農林環境ワーキンググループ成果報告書をもとに作成

まで一貫して管理することもできる。消費者としても、健康増進に有益な農産物を生産している農家を探し、個人的に定期購入することも可能となる。

さらに、ある消費者の現在の食生活から将来の健康状態を予測したり、農産物の栽培履歴を消費者の健康管理に活用する取り組みも可能となるだろう。

前ページの図は、東京大学アンビエント社会基盤研究会農林環境ワーキンググループが作成したものを簡略化したものだ。データ駆動型農業がいかに多様な領域に影響を及ぼすか、いかに可能性を秘めているかが、よくおわかりいただけると思う。

データ駆動型農業で食品ロスなき流通を実現

データ駆動型農業は、世界で問題となっている食品ロスを減らし、資源リサイクルを進めるうえでも効果を発揮する。

食品のリサイクルがなかなか進まないのは、廃棄食品を回収するにも、肥料や飼料として再生産するにも、費用がかかりすぎるからだ。しかしこの費用を生産者と流通業者、それに消費者の三者で負担することができれば、サステイナビリティ（持続可能性）のある社会の実現にも貢献することができるうえ、三者にもそれぞれメリットがある。

みなさんは、購入した野菜や加工品を冷蔵庫の奥に入れてしまったため、消費期限や賞味期限を切らしてしまった経験があるのではないだろうか。この消費期限や賞味期限をデータ化し、期限が近づくとスマホにメッセージを送ってくれる機能を持つ冷蔵庫ができれば、期限切れによる食品の廃棄はずっと減るはずだ。

生産者は、収穫時期の予測と流通側の需要予測をデータ化しマッチングさせることで、消費のタイミングに合わせた無駄のない効率的な流通を設定することができる。これによって小売業者の廃棄を最小限に抑え、生産者の収益を最大化できる。

いまの農業の問題は、需要側の情報がほとんどないことだ。生産者が生産を調整できないのはその点に由来する。小売、飲食店などがどれくらいの食品を必要としているのかをデータ化し、一方で生産者が生産できる量もデータ化し、それをマッチングする仕組みが必要だ。生産者にとっては消費者の需要を知ることで出荷のタイミングを効率化できるとともに、収入の最大化を図ることができる。

データの活用次第では、廃棄物の回収の最適化や廃棄物の品質管理、需給のバランスなどの予測も可能となる。付加価値の高い高品質な肥料や飼料を安価に安定供給できる、非常に高度なリサイクル社会の実現にも資するはずだ。

ＮＴＴドコモのアグリガールも、ＪＡ横浜、ベンチャー企業のＴｓｕｎａｇｕと連携し、新たな食農流通プラットフォームと新たな物流形態の実現に向けて動き始めている。

それは、売り手となるＪＡや生産者と、買い手となる企業（食品加工、飲食店、ホテル、食堂など）とが直接売買できる農作物取引プラットフォームだ。市場や卸などを通じて買い手が決まる従来の商流に加え、事前にオンライン上で買い手との取引を確定させ、その作物を農家が直売所などに持ち込み、直接買い手に渡す。こうした新しい商流が加わることで、生産者側には新たな収益の確保が見込める。買い手側は、物流コストの削減や、新鮮で安定した量の取引を期待することができる。

高度なリスク管理で自然環境の影響を抑える

農業でデータを活用し、デジタル化を推し進めても、避けては通れないのが自然環境に大きな影響を受けることだ。農業には、異常気象や台風、地震などの自然環境リスクが常につきまとう。天候の影響を受けて農産物の作柄が変化すれば、市場価格の変動という価格リスクにさらされ、収入が激減するケースもあり得る。

政府の農業政策や制度が変われば、補助金の金額や支払い方法が変わるため、所得に大きな変動が起こってくる。この政策リスクと価格リスクを踏まえて農業をビジネスとして成功させるためには、高度なリスク管理を行う必要がある。

第2章で紹介したモンサントの事例は、その代表例である。日本にも、自然災害によって収穫量が平年に比べて減った場合の保険として、農業共済制度がある。しかし、豊作などの理由で市場価格が落ち込んだときの減収分を補填してくれる制度はない。政府としてもそのリスクを解消しようと、さまざまな価格下落リスクを網羅する収入保険の導入を検討している。

データを共同活用するプラットフォームの実現

データ駆動型農業は、データを集めることから始まる。だからといって、闇雲にデータを集め、それを漫然と眺めているだけでは新たな価値を創出できない。データの質と精度を高め、集めたデータの分析を高度化するには、生産者、流通業者、販売業者、消費者など、農業に直接・間接に関わる人がそれぞれのデータを持ち寄り、共同で活用するためのプラットフォームを構築する必要がある。

このプラットフォームは、リアルな場所でもいいし、インターネット上につくられたバーチャルな空間でも構わない。生産者は生産者、流通業者は流通業者、販売業者は販売業者という縦割りの仕組みにとどまることなく、それぞれが自由に出入りできるプラットフォームができれば、刻々と変化する消費者のニーズに対応できるはずだ。それぞれが持ち寄った栽培管理、品質管理、流通管理、販売管理、顧客管理などのデータを集積し、さまざまな組み合わせを行えば、消費者が求める食品の開発、集客効果を上げるための戦略を構築することにも寄与するのではないだろうか。

問題は、いま、そのデータを国が主導して集めており、それを活用する民間のプラットフォームがないことだ。データを集積しようとする試みは評価できるが、データを出す側にインセンティブがない。より質の高いデータを集めるには、そのインセンティブも含めて考えなければならない。

4 デジタルは地方再生の切り札となる

日本の社会資本の維持・更新費は今後30年間で200兆円弱

道路、河川、砂防施設、下水道、港湾、公営住宅、公園、海岸、堤防、空港等。国の定義では、こうした施設を社会資本ストックと言う。国土交通省が2018年11月に公表した推計では、日本の社会資本ストックの維持管理・更新費は、今後30年間で176・5兆～194・6兆円必要になる。高度経済成長期に集中的に整備されたものが中心のため、老朽化が急速に進んでいるからだ。このとき、**デジタル技術を用いてメンテナンスを行うことで、維持管理・更新費の低減を図ることができる。**具体的には次のようなケースが考えられる。

橋のモニタリングは、橋にセンサを付けて揺れ方を測定し、危険がないかどうかを判断する。2012年に開通した東京ゲートブリッジには、変位計、加速度計など48個のセンサが区間ごとに設置され、橋の健全性がモニタリングされている。すべてを人手によって検知しようとすると6時間程度かかるところが、この方法だと30分で完了する。

高層マンションやビルに加速度センサを付ける動きも出てきてほしい。高層マンションで気になるのは、大地震があったときにそのビルは倒壊あるいは破損しないのかということだ。たとえば、マンションの各階にそれぞれセンサを設置し、上下する二つの階のズレが大きかった場合、危険度が高くなる。ズレの大きさまでわかれば、そのマンションが倒壊する危険性があるのか、破損しているおそれがあるのか、まったく大丈夫なのかということがわかる。そのデータに基づいて、避難勧告が速やかに出せる。いまはセンサが付いていないので、そのリスクがまったくわからない。

加速度センサが付いていれば、地震が起こったときにそのエリアのデータをすべて吸い上げることで、特定のエリアがどれだけ揺れたかもわかる。精度の問題はこれからクリアしていかなければならないが、公共的な使い方もできるのがセンサのメリットだ。

水道管の漏水検知にもセンサが役立つ。日本の漏水率は数%だが、諸外国には20%を超えるところも少なくない。老朽化やメンテナンスの不備が原因で漏水しているところがあっても、センサから上がったデータによって漏水が明確になれば、ピンポイントで修繕することができる。

ちなみに外国では、漏水だけでなく「盗水」が頻繁にある。日本は水が豊富にある国だが、諸外国の多くは水が貴重なので、貧しい人を中心に盗水が横行している。盗水とは、勝手に水道管に穴をあけて自分のところに引き、水道料金を支払わずに水を使う行為だ。これはまさに社会的な無駄というほかない。日本は完璧な上水道のシステムがあるので需要はないだろうが、海外では漏水・盗水管理システムに高いニーズがある。

水道管と同様に、化学プラントでは縦横にパイプが張り巡らされている。そこを通る液体ガスが漏れていないか、チェックすることが義務づけられている。

しかし、そのやり方は非常に原始的で、人が巡回して目と耳で確認する。人手によってきちんと点検することが法律で定められているからだ。法律の改正がなければセンサの設置だけで済ませることは許容されないが、将来的にはセンサが設置され、人手でモニタリングする作業は自動化されていくだろう。

風力発電所は僻地にあるため、故障したときに修理に行くまで時間がかかる。しかも修理を始めてから再稼働させるまでに1～2週間かかる。その間稼働しないので、風力発電所の稼働率は低くなる。それを改善するため、風力発電設備のセンサからデータを集めて分析し、故障の兆候を予測する試みに取り組んでいる。

ただ、現在は現場で取ったデータを持ち帰って分析している。僻地のため通信回線がなく、直接クラウドに上げられないからだ。将来的にはそれが無線になり、リアルタイムに遠隔で監視できるようになる。問題は無線のコストだけで、コストを風力発電所の運営事業者が負担すればすぐにでもできる。異常検知をすることでどれだけのコストベネフィットがあるのか、それが明確になれば資金は集まる。

タイヤのセンサから路面状況を把握するシステム

社会資本ストックのうち、道路の維持管理に関する新たな取り組みがある。

ブリヂストンは、タイヤに装着した加速度センサからの振動データに基づき、7種類の路面状態（乾燥、半湿、湿潤、シャーベット、積雪、圧雪、凍結）を判定する取り組みを始めた。これによって路面状態がデータとして出てくるので、顧客にとっても、道路管理業者にとっても、有益な情報となる。

同様の取り組みを、土木設計コンサルタント会社のパシフィックコンサルタンツがホンダなどと組んでアメリカで始めようとしている。

プロジェクトの全体管理をパシフィックコンサルタンツが担い、調査管理をオリエンタルコンサルタンツグローバルが担当、ホンダと本田技術研究所はタイヤセンサを装着した車両を提供する。センサから集めた路面の平坦性やひび割れなどのデータを西日本高速道路のアメリカ法人ネクスコ・ウェストＵＳＡ（NEXCO-West USA）が解析し、それをもとにゼンリンデータコムがデータマッピングを作製する。

現在アメリカで路面状態を調査している道路性状測定車「イーグル」は、1台当たりの購入費用が高く、台数も限られている。これを各種センサを装着したホンダの一般車両に替えることで、正確性を担保しながら点検費用を10分の1に抑えることができるという。

パシフィックコンサルタンツらは２０１９年度にも新会社を設立し、このサービスをアメリカの州政府や自治体に売り込み、データの利用料を徴収するビジネスを始める。

２０４５年には世界人口の7割が都市で生活

国立社会保障・人口問題研究所が発表した「日本の将来推計人口（平成29年推計）」によれば、日本の総人口は２００４年の1億２７８４万人をピークに、２０３０年には1億１９１３万人、２０５３年には1億人を割り、２０６０年には９２８４万人にまで減少すると見込まれている。２１００年には５０００万人弱まで減少し、明治時代後半の水準に戻ると見られている。

日本創成会議によると、2040年に20～39歳の女性の数が49・8％の市区町村で5割以上減り、推計対象の全国約1800市区町村のうち、523市区町村で人口が1万人未満となるという。場合によっては、消滅する恐れもあるとの推計が出ている。これから私たちが立ち向かうのは、日本史上類を見ない急激な人口減少だ。地方には「地域経済規模の縮小」と「維持困難となる地域社会」という形で多大な影響が及ぶ。

供給面と需要面のどちらの側面から見ても、人口減少は経済成長を阻害する方向にしか作用しない。人口減少は優秀な人材の出現を減らす可能性があり、地域全体の創造性や活力を失わせることにつながる。供給面の制約によって地域の経済成長が低下すると、産業の創出や立地がますます困難になり、負の連鎖が始まる。雇用の創出が行われなければ就業機会もなくなる。

人口減少は経済活動のみならず、地域の生活基盤に関わるさまざまな活動にも影響を及ぼす。生活関連サービスの立地に必要な人口規模を割り込めば、小売、飲食、娯楽、医療機関等の縮小につながる。税収が減少すれば、行政サービスの水準低下につながる。地域公共交通の衰退、空き家・空き店舗・工場跡地・耕作放棄地等の増加など、地域の魅力低下にもつながっていく。

人口減少がもたらすこれらの課題に対しては、地域全体で立ち向かっていくしか方法はない。その助けとなるのがデジタルだ。将来への危機感が地域におけるデジタル化を後押しし、生産性を高めて価値の創出につなげられれば、人口減少の負のスパイラルから抜け出せる可能性も出てくる。

その一方で、世界は大都市化している。２０４５年には、世界の人口の70％が都市で生活するという予測も出ている。大都市化して人口が集中すると、ゴミの収集問題や、エネルギー消費の問題など、さまざまな問題が噴出する。それを解決する方法として浮上したのが、スマートシティという発想である。

これまで、さまざまな場所でスマートシティが試行されてきた。潜在的な市場は膨大であるともてはやされたが、実際にはあまり進んでいない。

現在行われているスマートシティの施策は、いまひとつピンとこない。ゴミ箱にセンサを付けてゴミの回収を効率化する。駐車場にセンサを付けてどこが空いているかがひと目でわかるようにする。街灯にセンサを付けて人がいるときだけ点灯するよう自動制御する。太陽光発電を取り入れていざというときに停電にならないようにする。せいぜいその程度の施策にとどまっている。これでスマートシティと言われても、いまひとつの印象は拭えない。

リアルデータが「コンパクトシティ」実現のカギ

そのレベルから脱却するためにも、日本の街づくりを考えるときにはリアルデータが重要なファクターとなる。その一例が、高齢者の分布を可視化した富山市の取り組みだ。

住民基本台帳を使い、単身世帯や介護が必要な世帯が富山市内のどこにあるかを見える化した。そのリアルデータを、富山市内を走るＬＲＴ（Light Rail Transit）という路面交通システムのルート設計につなげようとしている。

富山市はもともとコンパクトシティを進めていた。単身世帯や介護が必要な世帯が市内のバラバラな地区に分散していると行政の維持コストがかかるため、なるべく市街の中心部に固まってほしいと考えている。そのためには、高齢者に市街地に来てもらい、親近感を持ってもらう必要がある。そうしないと引っ越してもらえないからだ。

そこで、高齢者がバスやＬＲＴに乗って市街地に行くときには、料金を無料にするなどの施策を打った。そうした施策につなげるための基盤となるデータとして、見える化したデータを使っているのだ。

かなり地道な取り組みだ。住民基本台帳をベースにした情報の収集なので、センサを取り付ける必要もない。ただ、リアルデータを見える化するだけでも、新しい価値は生まれている。

データを集めて地方都市の未来を予測

過疎化が進む地方都市を活性化するに当たって、富山市のように見える化して政策に落とし込む方法以外にも、未来を予測することで危機感を持ってもらう方法がある。

以前、内閣府地方創生推進事務局の「中心市街地活性化推進委員会」に呼ばれた。その実、シャッター通りを何とかしたいというのが委員会の切実な願いだった。私の専門分野とはまったく関係なかったが、ITをわかっている人に入ってほしいということだったので承諾した。

当たり前のことだが、街づくりは地元の人たち自身で何とかするしかない。街それぞれに特徴があるため、霞が関から具体的に「こうしたほうがよい」などと言うことはできない。地元の人たちが自分たちで街の未来を考えるきっかけとなるのが、危機感である。危機感がなければ、街づくりを真摯に考えることなどしない。そこで、ITがお手伝いできることの一つに、**しっかりと街の未来を予測し、地元の人たちに街づくりを考え始めるきっかけを提供すること**があるのではないかと思うに至った。

自治体の収支はある程度予測できる。

居住人口が減る、労働人口が減る、会社が減るといった状況が予測できれば、税収はだいたいわかる。市道の延長距離とそれに関わるメンテナンスコスト、市内の橋の数とそれに関わるメンテナンスコスト、上下水道の延長距離とそれに関わるメンテナンスコストなどは一つひとつ予測できるので、これをベースにシミュレーターを構築する。

そして、5年後、10年後、20年後の自治体の収支状況をデータとして把握し、自分たちの住む街の将来の姿を予測するシステムをつくる。そのデータに基づき、きちんと議論ができる土台をつくっていく。将来の姿に危機感を抱いた住民たちが、これからどうするかを個別に考えていく。その意見を集約しながら議論を戦わせる。そうすることでしか、街づくりは動かない。

データそのものは、村、町、区、市、県、国が持っている。シミュレーターさえ誰かがつくり、自治体ごとのパラメーターを入れることで、正確な予測が立てられるはずだ。

残念ながら、最終的に国や県や市区町村は何も決められない。住民が立ち上がっていくしかない。そのためにも、街づくりのすべてのベースとなるリアルデータをできるだけ集めていく必要がある。

日本政府が運用する地域経済分析システム

街づくりに関わるリアルデータを収集・分析する取り組みとして注目しているのが、内閣府のまち・ひと・しごと創生本部が運用するＲＥＳＡＳ（Regional Economy and Society Analyzing System）だ。

ＲＥＳＡＳは、２０１５年に運用が開始された地域経済分析システムである。人口動態、産業の強み、人の流れなどの地方経済に関するビッグデータを収集し、それらを「人口」「地域経済循環」「産業構造」「企業活動」「観光」「まちづくり」「雇用／医療・福祉」「地方財政」の8種類のマップで可視化している。その結果がインターネット上で誰でも把握できるようにわかりやすい形で提供されている。

ＲＥＳＡＳ上では、さまざまなデータが使えるようになっている。

インバウンドの項目では、横浜に観光に訪れた外国人がどこから来ているかというデータも見られる。東京へ観光に行ったあとに富士山に行き、その後金沢に行った人が何％いるかなどといったデータも見えてくる。

産業連関のデータもすべて揃っているので、たとえば石川県が富山県にどれだけのものをどれだけの金額で移出しているか、逆に石川県は富山県からどれだけ移入しているかなどのデータも見ることができる。就労人口やその増減など、国が集めているデータで関係しそうなものはすべてここに入っている。思った以上に優れたシステムである。

一般の人も使えるが、本当は自治体の人が「自分の自治体はどういう状況なのか」ということをきちんとデータで見て、富山市のように政策に反映していくためのツールにしてほしい。地元のことは自分たちで考えなければならない。

しかし、当面は国が背中を押すしかないだろう。どういうふうに背中を押すのか。プレッシャーをかけるのか、強制するのか。やり方はこれから判断されていくはずだ。

街づくりのデジタル化の一環としては、すでにご紹介した警察による犯罪予測も含まれる。消防に関しても、アメリカでは消防服のスマート化が進んでいる。

消防服のゴーグルがＡＲゴーグルになり、消防服にセンサが入って熱の状態を常時管理するようになるなど、消防士が消火活動において自分たちの体を守るためのサポート役として重要な役割を演じるかもしれない。

ここでもデジタルツインが有効になる。

消火活動において、消防士は建物の構造を知りたいと思う。煙が充満して視界が奪われるなか、どこに何があるかがわかれば消火活動の手助けになるからだ。ＡＲゴーグルにリアルタイムで本来見えるはずの建物の状態が表示されれば、迅速に消火、要救助者の救出に役立つ。いま、アメリカでは実験段階まで進んでいる。

そのためには、建物の設計図がデジタル化されていなければならない。建物の設計図がデジタル化されていれば、このシステムは容易に構築できる。建築業界はビルディング・インフォメーション・モデリング（ＢＩＭ）のように、少しずつデジタル化が進んでいる。

地域密着型のサービス産業がカギを握る

地方の活性化においては、地域密着型のサービス産業（第三次産業）の生産性を上げることが重要だ。

農林水産業などの第一次産業においても、デジタルを活用して生産性向上を図っていくことはもちろん期待されている。すでにお話ししたように、サービス産業は経済に占める割合がとくに大きいため、経済成長に及ぼす影響は第一次産業とは比較にならない。サービス産業は日本のＧＤＰや雇用の70％以上を占めていて、中小企業がその大部分を占める。サービス産業における中小企業のシェアは企業数で99・7％、従業員数で74・7％である。

地方経済圏の中小企業は労働生産性が低く、非正規雇用も多い。非製造業の労働生産性をアメリカや欧州主要国と比較すると、日本の生産性はアメリカの6割以下、ドイツやフランスやイギリスと比べても、かなり低い水準にとどまっている。

一方、日本のサービスには正確性、信頼性、丁寧な接客という優れた特徴があり、サービスの質は世界でもトップクラスだ。その違いも考慮しなければならないため、一概に生産性が低いとはいえない。だからといって、生産性が低い中小企業が数多く存在している事実は変わらないし、このまま放置していいわけではない。

人口減少社会において人手不足が顕在化するなか、有能な人材を確保し、定着してもらうには、それなりの賃金が必要になる。**従業員一人当たりの生産性を上げなければ、そのための原資も確保できない。**

地域経済の活性化だけでなく、日本経済の成長・発展に資する地域中小サービス事業者の生産性向上に向けては、デジタルの導入が一つのカギとなる。デジタル化は生産性を高める最大のツールだからだ。

その好例が、バスの運行を最適化したイーグルバスだ。

大手路線バス会社から赤字路線を引き継いだ埼玉県川越市のイーグルバスは、バスにGPSとカメラと赤外線センサを設置した。それによって、どのバス停で何人の乗客が乗り、どのバス停で何人の乗客が降りたかという数字をデータ化し、見える化した。

そのデータを検証し、市内を循環するバスの走行ルートを廃止した。採用したのは、アメリカの国内エアラインのように、中核地点を設定して必ずその地点を経由する「ハブ＆スポーク」方式だった。バス停の再配置と時刻表の再設定を併せて行ったことで、乗客は増加し、赤字路線が黒字化した。

単純かつ小さな改善かもしれないが、地域経済圏にはこうした可能性が膨大に存在している。デジタルが身近になることで、中小企業の収益構造の改善が期待できる。

地方の人間関係の近さが追い風になる

デジタル化は、大都市圏よりも地方のほうが進めやすい。それには、**地方の人間関係が濃密で、距離が近いことが関係する。**むしろ、この要素がデジタル化への近道になるかもしれない。

地方の経営者協会や商工会議所などに呼ばれてデジタル化の話をする機会も多いが、ペンキ屋の社長さんと水道屋の社長さんとＩＴ企業の社長さんが仲がよかったりする。つまり、コンパクトな世界で企業活動を行っている関係で、異業種の経営者のつながりが濃密になっているのだ。これは、大都市圏では見られない現象である。

それぞれの企業の経営者の意識を変えるサポートをすれば、ＩＴ企業とユーザー企業がリアルデータのデジタル化について一緒に考える環境がつくりやすい。地方ならではの「コンパクトさ」「濃密さ」が、デジタル化を進めるうえで強みになってくるのではないだろうか。

加えて、**地方の「小さな」市場は、大企業がこぞって進出するほどのパイもうまみもない。**前述のイーグルバスのような事例は、東京に拠点を持つ巨大ＩＴ企業がやるような案件ではない。巨大ＩＴ企業がイーグルバスに入り込み、デジタル化を推進してどれだけの売り上げが立つだろうか。ほとんどのケースで億単位の金額にはならない。せいぜい数百万円、多くても１０００万円レベルのものが多い。コストが見合わない大手企業は、地方には逆に入り込めない。

総務省が応援する「ＩｏＴデザインガール」

地方の経営者の濃密なつながりも、それだけに頼っていては弱い。**デジタル化を推進する第三者がきめ細かくユーザー企業をフォローし、リアルデータをデジタル化する手伝いをする仕組みをつくらなければならない。**

2017年7月、農業を中心に活動していたアグリガールの面々が、もっと幅広くデジタルを啓発していこうという趣旨で立ち上げたのが「IoTデザインガール」である。IoTデザインガールの活動は、総務省の「地域IoT官民ネット」のうちの一つのプロジェクト「IoTデザインガール」としてスタートした。

このプロジェクトは、企業や団体の枠を超えて日本でIoTの普及促進に取り組む女性を育成するものである。IoTデザインガールの活動に賛同した通信、保険、流通、旅行などさまざまな業種の企業や自治体に所属する女性が集まり、企業や自治体をつなげてデジタルで新たな価値を創出すべく奮闘している。必ずしも技術に詳しい人たちではない。デジタルで新たな社会をデザインしていくことに興味を持っている人たちだ。

地方でこのような動きが広がっていけば、デジタルを隅々にまで浸透させていく一助になる。この動きに感化された広島県では、地元企業が事務局となり、中国総合通信局、広島市立大学、広島県、広島市等が活動を支援し、IoTデザインガールの取り組みを始めている。広島県内のさまざまな業種の企業から30名程度の女性が集まり、IoTやデジタルと社会・経済の関わりについて議論を交わしている。鹿児島県も動き始めた。

もちろん、IoTデザインガールがデジタルの知識を学んだからといって、専門家のようなアドバイスができるわけではない。大事なのは、現場で日常的に行われているアナログプロセスのうち何をデジタル化すればいいかに気づくことのできる感性だ。

専門的なことは、専門家につなげばいい。つまり、現場と専門家の仲介役であり、何も知識がない現場にデジタルの簡単な概要を教えるコンサルタント的な人材である。私はそれを「**カタリスト（＝触媒）**」と呼んでいる。このようなカタリストが増えないと、中央でデジタル、デジタルと叫んでいても、地方には届かない。

カタリストたちにインセンティブを持たせるためにも、実績で評価してはいけない。顧客のニーズを吸い上げ、どれだけレポートを出し、どれだけ専門家につないだか。実際に数字として顕在化していなくても、可能性を評価するスタンスが必要になる。

高等専門学校の「ワイヤレスＩｏＴ技術実証コンテスト」

山形県の県庁所在地には、国立の山形大学がある。そして、山形第二都市の鶴岡市には鶴岡工業高等専門学校がある。多くの場合、地方の県庁所在地には地元の国立大学があり、第二都市には高等専門学校がある。つまり、全国に57校ある高専は第二都市の中核施設に位置づけられる存在となっている。

高専の学生は、ロボコン（アイデア対決・全国高等専門学校ロボットコンテスト）でご承知のように、非常に優秀だ。手足が動き、アイデアも豊富で、ＩＴの知識にも長けている。**その高専の学生が地元の中小企業のデジタル化をサポートする仕組みをつくりたい。**そうすれば、47都道府県のうち高専のない四つの県を除く43都道府県の中小企業がカバーされ、裾野が広がっていくのではないか。

高専の卒業生はあまり地元に残らない。就職先がないため、どうしても大都市に流出してしまう。この仕組みを構築し、収入体系まで整えれば、地元に残った高専出身者が中小企業のデジタル化をサポートし、地域完結型のエコシステムの中核を担っていく。その結果、デジタル化が進んでいくかもしれない。

総務省も、高専の学生の能力に目を付け、「地域の課題を解決するような電波有効利用技術を活用したワイヤレスＩｏＴ技術実証のアイデアを公募」する「高専ワイヤレスＩｏＴ技術実証コンテスト」を実施している。このプロジェクトがロボコンに続くイベントになっていくよう、関係各所と相談しているところだ。

高専の学生が地元の中小企業にインターンのような形態で入り込み、現場で行われているアナログプロセスに気づき、中小企業の人たちと一緒になってデジタル化に取り組むような雰囲気が出来上がると、デジタルが隅々までより深く浸透することになる。本書で繰り返し述べてきたように、最先端のＩＴがなければデジタル変革に対処できないわけではない。多くの人たちにＩＴを身近に感じてもらい、デジタルを試してみようと考えてもらうことが重要なのだ。

地方の経済規模は思った以上に大きい。たとえば、鳥取県の県内総生産はラオスやブルネイのＧＤＰと同程度である。日本はそれだけの経済規模が集まった国ということだ。そこでデジタル化が進めば、地域から日本を元気にできる可能性がある。そのためにも、ＩｏＴデザインガールや高専の方々に期待している。

DATA-DRIVEN ECONOMY

第4章

データ・ドリブン・エコノミーで価値を創出する視点

1 何をデジタル化するかの視点を持つ

つながっていないもの、アナログな作業に注目する

何をデジタル化するか。それを考える視点として、**インターネットにつながっていないものを考えるといい。**すでにインターネットにつながっていれば、何らかのデータが取れている可能性がある。つながっていないものがつながったらどうなるかという発想を持つのは難しいが、そこに一つのポイントがあるかもしれない。

他には、**いま現在アナログでやっている作業に着目するといい。**たとえば工場の中で機械の見回りをしているおじさんが必ずいる。彼は、見回りというよりも、機械の音を聞いている。その音に異常がないか点検するために見回っている。

これはまさにアナログデータの世界である。これをデジタルデータにするには、機械のそばにマイクを設置し、機械の音を録音してデータ化すればいい。その音のデータを記録

し、いつもと違う波長を観測したとき、異常が発生したと認識できる。いま実際に行っているアナログの仕事を、デジタルにできないかと考える視点が二つ目である。

サーモスタットも、いままではサーモスタットそのものまで足を運んでボタンを押していた。それをスマホでできるようにするだけで、アナログでわざわざ足を運ぶ行為をデジタル化したという見方もできる。第1章でご紹介したCOCNのスマート建設生産システムも、アナログタスクを一つひとつリストアップし、デジタル化できるかどうかを検討した。タスクを割り出すことは、一個一個潰して考え抜くうえでは非常に有効である。

私たちは何らかの行為を行っている。その行為をデジタル化できないか、一つひとつ考えていく必要がある。

介護の現場では、記録をつける必要がある。認知症の人についても、どれくらい悪化しているかを記録する。それをデジタル化できるといいが、介護は複雑な面がある。

たとえば「ポットまで行ってお茶を入れようとしたけれども、結局何をしに来たのかわからずに戻った」という行動を記録したいとしよう。しかし、それは介護職員が見ていなければ記録できない。正確に記録するにはカメラで撮影したいが、すべてをカメラで撮影してデジタル化するとなると、プライバシーの問題が出てくる。本人がそれを承諾しないとできない。技術的にはできるようになっていても、プライバシーの問題とコストの問題でなかなか難しい。

いずれ何らかの形で解決策が出てくるだろうが、そのためにはデジタル化による価値が明確になっていなければならない。コストパフォーマンスの面でも、デジタル化によって価値が生まれることがわかれば導入に前向きになるが、まだその域まで到達していないのが現状だ。いかに価値を生み出すか。それを国民全員で考えなければならない。

収穫逓増を意識して柔軟に考える

普通、商品の売れ始めはコストばかりかかって儲けがほとんど出ない。しかし、ある時点を超えると儲かるようになり、ある程度まで行くと売れ行きが衰え、収穫は逓減する。モノづくり系はだいたいこのパターンだ。

しかし、**デジタルは収穫逓増モデルだ。顧客が増えれば増えるほど儲かっていく。**そう考えたからこそ、グーグルはとにかく幅広く唾をつけたほうがいいと、デジタル関連のベンチャー企業を次々に買収していく戦略をとったのではないか。

以前、グーグルとアマゾンがM＆Aをした会社をリスト化し、戦略について考えたことがある。考えた末にたどりついた結論は、彼らには戦略がなく、とにかく唾をつけているだけというものだった。

たとえば10億円ずつ100社に投資したら、合計1000億円の投資になる。しかし、同じ1000億円の投資でも1社にかける投資額が1億円であれば、1000社に投資できる。彼らは、収穫逓増モデルのデジタルであれば、後者のほうがリターンが大きくなると判断したのではないか。だとしたら、なるべく多くのベンチャー企業に投資したほうがいい。投資を判断するときにも、あまり慎重にならないほうがいい。むしろ「なにか面白い」というだけで投資判断をしているのではないかとさえ思える。

第2章で説明した「事業領域の再定義」の話を思い出していただきたい。何をデジタル化するか、デジタル化して何をするかについて考えるとき、頭を柔らかくして臨むことが必要だ。

洗濯機は、もともと人手で行っていた面倒なことを機械にやらせることで、効率化を図るのが目的だった。しかし、洗濯機が登場すると、機械にやらせることで楽になり、洗濯する量が増えていった。汚れた衣服を着る習慣がなくなり、洗い立てのきれいな衣服を着るのが普通になったことで、人間の衛生観念が変わった。

当初は思いもよらなかった変化が起こる。それを柔軟な頭で考えてほしい。

グーグルがネストを32億ドルで買収した理由

2014年1月、アメリカのサーモスタット製造企業のネスト（Nest）を、グーグルが32億ドル（約3500億円）で買収した。

ネストは、特殊な技術を持っているわけではない。たしかに、サーモスタットとしてはデザインが洒落ていた。機械学習もするように設計されていた。無線のモジュールを入れたことでスマートフォンと連携させた。スマホと連携させれば、スマホにサーモスタットのデータがすべて流れるので、そのデータはすべてクラウドに集めることができる。そうすると、家の中のサーモスタットがいつオンになったか、いま現在、部屋に人がいるのかいないのか、家人が起きているのか寝ているのかもわかるようになる。

アメリカではサーモスタットが家の中のハブになっているので、そこを牛耳れば家の中全体を牛耳れるということで買収したのだろう。サーモスタットとしては、たしかに優れた機能を持っている。しかし、単なるサーモスタットだ。それに対して32億ドルの価値をつけたグーグルの英断は衝撃だった。

グーグルが買収して4年経ってもなかなかうまくいっていないように見えたが、2018年2月、グーグルはそれまで別会社として運営してきたネストを本体に再統合した。グーグルのＡＩ「グーグルアシスタント（Google Assistant）」との連携を強めるのが狙いだ。ネストがＡＰＩというインターフェースを公開し、サードパーティと連携できるようにしたことが、こうした動きにつながったのだろう。

メルセデス・ベンツの位置情報と連携することにより、その位置情報をもとに10分後に住人が家に帰ってくるとわかれば、その前に空調をつけておく。

夜になってもライトがついていないと、人がいないとわかってしまう。アメリカは物騒な国だから、人がいないというだけで空き巣に狙われやすい。それを避けるため、夜になったら人がいなくても自動的にＬＩＦＸのＬＥＤスマートライトをつけてくれる。サーモスタットのデータから、家の中に人がいるかいないかがわかるからだ。

同じくネストと連携するジョウボーン（Jawbone）は、起床時間と空調のスイッチオンを連動させる。ワールプール（Whirpool）の洗濯機は、時間帯ごとに異なる電力料金の安い時間帯に合わせてスイッチをオンにすることもできる。

グーグルは、エコシステムを構築するのがうまかった。ビジネスをプロデュースするにあたっては、ここまで考えてエコシステムをつくる必要がある。それでも、ここまでやっても収益が上がらないのがデジタル化の難しさだ。そのうえで、その難しさを乗り越えていかなければならない。

2 フットワークの軽い組織をつくる

海兵隊として飛び込んでいくことが重要

企業がデジタル変革を推進するのは、新規事業を進めるケースと似ている。企業経営にあたって、業績の上がっている分野の知を継続して深める「知の深化」と、新しい道を進むために知の範囲を広げる「知の探索」の両面を、バランスよく行っていかなければならない。「両利きの経営」と呼ばれるものだ。

これからのデータ・ドリブン・エコノミーの時代には、新しいことにチャレンジしていかなければならない。当然、それは知の探索フェーズと位置づける必要がある。この知の探索フェーズでは、アメリカの「海兵隊」のあり方が参考になる。

このときの海兵隊には、二つの意味がある。

一つ目は、フットワークが軽い組織という意味だ。陸軍、海軍、空軍の機能がコンパクトに集められた海兵隊という組織は、真っ先に最前線に投入される。機動力が求められるため、指揮命令系統が簡素になり、フットワークの軽いフラットな組織となる。

二つ目は、積極的にリスクを負う組織という意味だ。戦況がわからないなかに飛び込んでいくことから、海兵隊の死亡率は他の軍隊に比べてかなり高い。だからこそ褒められるし、ステイタスもある。デジタル変革も、やったところでうまくいかないことがほとんどで、成功する確率は限りなく低い。

しかし、その失敗の積み重ねがあってこそ成功への道が切り拓かれていく。失敗しても褒めなくてはならない。経営者や上に立つ人たちは、そうした意識を持って変革を進めていくことが大切だ。

その意味で、短気な経営者ではデジタル化はなかなかうまくいかない。すぐに結果を求めるからだ。**経営者は数字を求めてはならない**。デジタル化によって単年度でどれだけ売り上げが上がるか、3年後にはどれだけの成長が見込めるか、利益はどれだけ上がるかと追い込むと、一歩も踏み出せない。

むしろ、R&D（研究開発）のように考えるべきだ。R&Dのマネジメントは難しく、先行投資の成否は先にならないとわからない。うまくいっていないプロジェクトをどのように評価するかについては、経営者の問題だ。

結局のところ、最終的にはデジタルは絶対に隅々まで行き渡る。そう思えるかどうかで耐えられるかどうかが決まる。当面の浮き沈みに影響されてはならない。

デジタル推進に適した組織形態とは？

前述の「知の深化」と「知の探索」と似たような言葉に、金融業界にはＲＴＢ（Run the Bank/Run the Business）とＣＴＢ（Change the Bank/Change the Business）という言葉がある。ＲＴＢはビジネスを維持する活動で、ＣＴＢはビジネスを変革する活動のことを言う。

ＲＴＢとＣＴＢはまったく違うものだ。必要とされる組織も違えば、必要とされる人材像も違う。これをどのようにして一つの会社に同居させるかは、かなり難しい作業だ。その意味でも、ＣＴＢについては海兵隊の組織が参考になる。

グーグルはかつて、ＣＴＢタイプの人材が多かった。しかし、ここまで企業規模が拡大したいま、ＲＴＢ系の人材が増えてきた。ＣＴＢ系の人材は、この先に崖があり、落ちるとわかっていても一歩踏み出す。落ちても痛みを感じない。こういう人材がグーグルにはたくさんいたが、相対的に少なくなってきたように感じるときがある。もちろん、軌道に乗った事業を回していくにはRTB系の人材が必要だし、彼ら彼女たちがしっかりと収益を上げるので、そうなるのはやむを得ない。企業には両方のタイプの人材が必要である。

組織のつくり方には二つのパターンがある。一つは別組織をつくる。もう一つは横断的な組織をつくる。どちらがよいというものではない。適した組織は状況に応じて変わり得る。

マイクロソフトが家庭用ゲーム機「Xbox」を開発したとき、それを開発した部署は社内でも秘密の組織だった。発表する直前にようやく社内で公開されたという。完璧に切り離していたからこそ、雑音が入らずに開発に没頭できたのだ。

ただ、デジタル変革は現場との連携が欠かせないので、社内の現業部門のデジタル変革を行うために別の組織をつくってしまうと、現場との距離がますます開いてしまう。このような場合には、雑音を入れずに没頭できる環境を放棄してでも、現業部門とは切り離さないほうがいい。

自律分散型の組織も考慮に値する。

デジタル変革を推進する組織は、そもそも計画を設定することができない。また、現場に入り込んで協働・連携しながら弾力的・創造的に対応する必要がある。自律的な状況判断と行動力をもって価値の創造につなげていかなければいけない。そのため、海兵隊と同じように、状況に応じてあらゆる手段を駆使するのに適した自律分散型のネットワーク組織も重要だ。

デジタル変革の対象となる現業部門は、デジタル化を進めなくても回っていく。わざわざデジタル化に協力しろと言っても、なかなか受け入れてもらえない。**協働相手に対する共感で知を共有し、価値創出につなげていくことが必要だ。**一人ひとりが多種多様な組織や人々を結びつけ、巻き込んでいくような自律分散型組織には突破力がある。

もちろん、トップマネジメントが「デジタルをやるぞ」と言い続けることは必須だ。そのうえで、草の根的にデジタルを浸透させる部隊をつくって継続的に取り組んでいく形にするべきだろう。

海兵隊として踏み出すタイミングは、早ければ早いほどいい。「同業他社が成果を出してから取り組み始めても遅くはないのでは？」と思う向きもあろうが、競争に勝ち抜くためには早いほうがいい。デジタル化ではエコシステムの構築が一つのカギとなり、それが構築されてしまうとあとから入るのが難しくなるためだ。入れたとしても、主導権を握ることはできない。そのリスクを考えると、早く踏み出すに越したことはない。

建設機械業界では、コマツがデジタル化にいち早く取り組んだ。その結果、コマツのエコシステムが形成され始めている。多様な業種のレベルの高い企業が集まり、貴重なデータが自然と集まってくるようになりつつある。

そうなってしまうと、対抗するライバル会社が同じことをやろうとしても、関係先がすべて二番手以降のエコシステムしかつくれない。先行者利益がある場合も、それを得られる可能性はほとんどなくなる。

先に走ったために失敗し、その失敗を学んだ後続が成功を収めるパターンもないわけではない。だが、先に走ることはリスクもあるが、リターンも大きくなる。「Winner takes all」がデジタル世界の成功法則であることに留意しておかなければならない。

知の探索はオープンイノベーションが最適解

デジタル化を進めるには、エコシステムを構築することが重要だ。

たとえばトイレ業界の企業がデジタル化を進めるとき、普通に考えると便座にセンサを付けて誰が座ったか把握したり、便器にセンサを付けて排泄物で健康診断をしたりするということが思い浮かぶ。しかし、それだけでは小さいデジタル化になってしまう。健康診断に絡めて生命保険会社が加わってくるなど、**他の関連業界が絡んだエコシステムができれば、より大きなデジタル化となって、新たな価値が生まれやすくなる。**ネストがサーモスタットのＡＰＩを公開したのも、エコシステムをつくるためだ。

こうしたプラットフォームになるような仕組みを考えていくことが重要だ。その手段として、オープンイノベーションが考えられる。これをうまく構築できる人や企業が、デジタル化の推進には必要になってくる。

ＮＴＴドコモのアグリガールが大分のＩＴ企業リモートとコラボレーションして「モバイル牛温恵」をスタートしたが、畜産業者に普及させるにはこの2社だけでは不十分だった。大企業とはいえドコモは農業界ではブランド力がなく、大分のリモートに至っては名もない地方の小さな会社という位置づけをされてしまっていた。

畜産業者に営業に行っても、いまひとつ反応が鈍かった。そこで、アグリガールはミッシングピースがＪＡであることに気づき、ＪＡを巻き込むために説得しに行った。その結果、ＪＡ、ドコモ、リモートというエコシステムが構築され、快進撃が始まった。

デジタル化を進めるうえでは、そうしたミッシングピースを見つける作業も重要だ。ＩｏＴは単体で行うイメージがあるが、単体で頑張っても小さく終わる可能性が高い。大きくできるかどうかは、エコシステムをつくれるかどうかにかかってくる。

現代は、仕事が専門化しすぎて社内でも事業部が違うと会話が成り立たない。同じ業界でも、別の会社との会話は疲れる。異業種になるともっと辛い。それでもデジタル化を進めるには、ますます異業種との連携が重要になる。

こうした厳しい状況では、多様性が重要だ。多様性をしっかりと素直に受け入れられないと、異業種間連携はできない。

かつて、構造モニタリングや地震モニタリングのために、建物にセンサを付け、揺れたときにそれぞれの階のセンサの数値を計測する実証実験を行ったことがある。

そのときの相手方は鹿島建設だった。私たちＩＴ業界側と建築・土木業界側がなぜうまくいったのか。それは、お互いが真ん中まで歩み寄ったからだ。大手だからといって鹿島建設がふんぞり返って「いいものを持ってくればやってやるよ」と言っていたら、成果は出せなかった。

まったく違う業界の人が集まるときには、歩み寄れる何かがないと厳しい。それは、**アナログの人間力**だと思う。デジタル化を進めようとするときに、重要なのがアナログの人間力であるのは面白い。ＡＩやＩｏＴによって職がなくなると言われるなか、そこに生きる道があるのは興味深い事実だ。

経営学者の野中郁次郎氏が、アグリガールを評して「利他と共感」と言った。この二つの資質が、アグリガールが知的創造力を発揮した証だという。利他とは、自分を犠牲にしてでも他人に利益を与えること。共感とは、人の考えを自分も同じように感じたり理解したりすること。どちらも相手が喜ぶことだ。その観点から考えないと、異業種間連携はうまくいかない。

なぜオープンイノベーションが必要なのか

いま、オープンイノベーションが求められるのは、資本が不要になったことと、顧客のニーズが多様化してきたことが理由だ。

資本が不要になった背景には、技術の成熟化がある。かつて、事業を行うにはそれなりの資本が必要だった。巨大な生産設備がなければ、製品をつくることができなかったからだ。デジタル化の進展に伴って技術が成熟してきたことで、巨大な設備は不要になりつつある。クラウドや3Dプリンタに代表されるように、コストが下がり資本が不要になったため、大企業に所属していない人でも容易に事業に参入できるようになってきた。そのことによって、技術革新が急速に進んでいる。

従来は潤沢な資本を持つ大企業にしかできなかったことが、いまは誰にでもできるようになった。すると、自社の知見だけでなく、さまざまな知見を組み合わせたほうが新しい価値が生まれやすくなる。逆にいえば、**自社の知見だけでは新しい価値を生み出せなくなったため、他の知恵を借りなければならなくなった。**それがオープンイノベーションの背景にある。

もう一つは、顧客のニーズが多様化し、**性能品質から魅力品質に重視されるポイントが変わってきた**ことだ。性能品質の場合、つくり手から顧客への一方通行で十分だったが、魅力品質に変わってニーズが多様化してくると、自社だけでは多様化したニーズに応えられなくなった。そのため、オープンイノベーションに取り組む必要に迫られた。

デジタル化においては、ＩＴ企業とユーザー企業との協業が増える。ただ、スタンスはそれぞれ異なる。農業に詳しいベンチャー企業とオープンイノベーションに取り組むＮＴＴドコモのように、デジタルがすべての産業セグメントに入り込む時代では、ＩＴ企業側はオープンイノベーションをせざるを得ない。産業セグメント側に関する知識がまったくないから、それぞれの分野のプロと組んで知を共有しなければ顧客ニーズに応えられないからだ。

一方のユーザー企業側にとっては、ＩＴ企業と組めばデジタル化をスムーズに進めることができる。ただ、その他にも理由がある。それは、事業領域の再定義と関連する。これまでの事業に取り組んでいるだけでは、オープンイノベーションの必要性はそれほど感じないはずだ。しかし、デジタル化によって事業領域が再定義されると、事業範囲が広がる。広がった先には未知の領域が広がり、そこには戦ったこともない未知のプレイヤーがいる。その未知のプレイヤーと戦うには、オープンイノベーションによって多様性を確保しながら新しい価値を生まなければいけない。

いずれにせよ、デジタル化によって事業領域が広がるからこそ、オープンイノベーションが必要となる。そもそも、旧来の事業領域にとどまり続けることは、デジタル化の進展が必然である以上、あり得ない。

3 インベンションとイノベーションの違いを認識する

ICTの位置づけを再定義する

「インベンション」とは技術的なハードルを越えること、「イノベーション」とは顧客や社会のハードルを越えることである。従来は相対的に、インベンションの技術のハードルが高く、イノベーションの顧客のハードルが低かった。技術のハードルを越えることができれば、事業に結びつける困難さは相対的に小さかった。CPUの高速化・省電力化技術や無線通信の高速化技術など、技術開発に成功すればそのまま事業として展開されることが多かった。

これに対して、**昨今は、イノベーションのハードルが相対的に高くなっている。**インベンションのハードルを越えることができても、イノベーションのハードルを越えられない事例が増えてきている。とくにわが国では「技術で勝ってビジネスで負ける」と言われて

技術のS字カーブから見たICTの位置づけ

S字カーブの左下は最先端の領域、右上が成熟した領域。ICT（情報通信技術）は左下から右上に急速に移行し、まもなく成熟期に入りつつある。

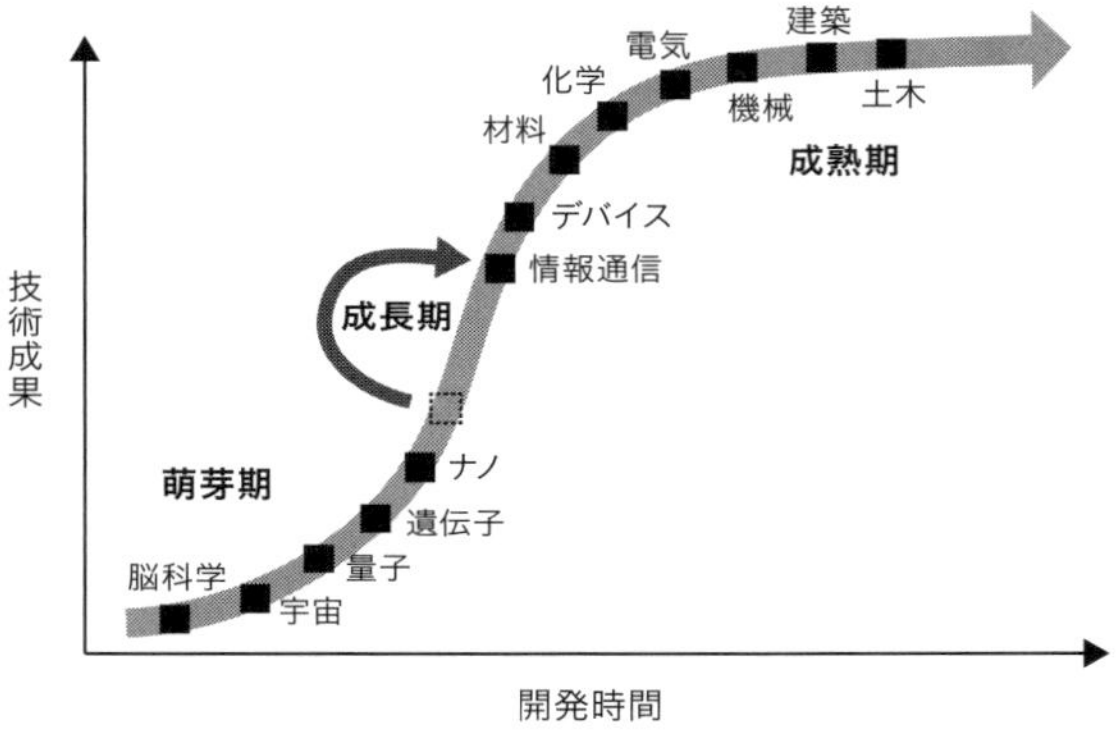

久しいが、これこそイノベーションのハードルが高くなったことを示唆している。

上図のS字カーブは、左下の技術が最先端の領域、右上の技術が成熟した領域である。この図でいえば、もっとも成熟した領域は土木、建築、機械と続く。それに対して最先端の領域は脳科学、宇宙、量子、遺伝子、ナノと続く。

ＩＣＴ、つまり情報通信技術は、私が大学院生だったころは左下の最先端の領域に位置していた。30年近く経過したいま、右上の成熟した領域に入っている。ＩＣＴは技術的にある程度成熟し、こなれてきている。使いやすくなり、コストも下がり、裾野が広がっている。「日用品化」しつつあるからこそ、あらゆる産業領域にデジタルが入りつつある。

この図を別の角度から見ると、左下はインベンション、右上はイノベーションだ。ICTが左下から右上に移ったということは、従来のインベンションからイノベーションに意識を変えていかなければならない時期に来たということだ。

最先端のインベンションの時期は、実はわかりやすい。技術的にできないことが多かったため、たとえば光ファイバで100メガバイトの情報を伝送したい、インターネットで映像を流したい、CPUをもっと速くしたい、CPUの消費電力をもっと小さくしたいなどといった明確な目標があり、その技術をクリアすればビジネスにつながった。

しかし、イノベーションの時期は、それではビジネスにつながらない。技術のハードルは越えられても、顧客のハードルが越えられないからだ。

そこで、**技術開発主導での社会変革（リニアモデル）から、社会課題主導での社会変革（スパイラルモデル）への再定義が必要となる。**技術者はもっと意図的にイノベーションに取り組んでいかなければいけない。

経済学者のヨーゼフ・シュンペーターは著書『経済発展の理論』（塩野谷祐一・中山伊知郎・東畑精一訳、岩波文庫）において、イノベーションは「新結合」であるとしている。

イノベーションは技術革新のみに限定されるものではない。シュンペーターはイノベーションの類型として「新しい財貨（製品やサービス）」「新しい生産方法」「新しい販路」「原材料・半製品の新しい供給源」「新しい組織形態」を挙げている。

また、産業競争力をアメリカが今後も維持し続けるための施策をアメリカ政府に提言したパルミサーノ・レポートによれば、**イノベーションは「社会的、経済的な価値創造を実現するインベンション（発明）とインサイト（洞察）の掛算」と定義される。**これまでの単一機能の垂直統合的な発想、発明、事業化という時代ではなくなってきていることを指摘し、多種多様な学際領域をまたいだ融合が重要であるとしている。イノベーションは社会的・経済的な価値創造であり、インサイトが重要であると明快に言い切っている。

技術にしかお金をかけない日本企業

日本企業は、インベンションにリソースをかけすぎている。

その端的な例が、規格を決める標準化会議だ。日本企業からは標準化の専門家だけが参加していることが多い。朝から晩まで会議に出席して寄書（標準化への提案文書）を提出するなど、とても大きな貢献をしている。一方の欧米の企業は、このような標準化の専門家以外にも人を連れて行く。一人は知的財産の専門家だ。標準化を自社の知財とどのように絡めるのか、会議の様子によって戦略を練っていく。もう一人、重要な存在がいる。その人は会議に出ない。出るのはランチとディナーとバンケットだけだ。彼はそこで、技術を事業につなげるための活動をしている。

日本企業の多くは、そういう存在にお金をかけず、技術をつくるインベンションにしかお金をかけない。**価値につなげるためには、欧米企業のように一見無駄に見えるところにも資金を使う必要がある。**こちらの部分こそが、イノベーションにつながる触媒となるからだ。

それは、東京工業大学とマサチューセッツ工科大学（ＭＩＴ）の数字の違いを見れば明らかだ。

東工大とＭＩＴは学部生４０００人、大学院生６０００人、教員１０００人と、ほとんど同じ規模だ。しかし、イメージからするとＭＩＴのほうが巨大に感じる。その違いは、スタッフの数だ。**東工大の６００人に対し、ＭＩＴには１万人ものスタッフがいる。**16倍を超える。なお、スタッフとは、教員以外のすべての職員のことであり、教員でないディレクタもスタッフである。大きな産学連携プロジェクトを組成したり、成果を社会に還元しながら収益の最大化を図ることなどを含めて、すべてをスタッフが仕切っている。

これはリソース配分の問題で、ＭＩＴは１０００人の教員に対して1万人のスタッフというリソースをかけている。対して、東工大は１０００人の教員に対して６００人のスタッフしかいない。つまり、東工大は圧倒的に技術にしかお金をかけていないことになる。

しかし、その技術を社会に展開したり、その技術でお金を稼いだりしようとすると、スタッフの力が必要となる。そこにお金をかけないと、大学と社会とのつながりが弱まってしまい、イノベーションが回っていかないのである。

4

成熟したICTが求める「ストーリー」

ストーリーがなければ顧客に受け入れられない

一橋大学大学院教授の楠木建氏の『ストーリーとしての競争戦略』（東洋経済新報社）に書かれている内容をひと言でいうと、成功を収めた企業の戦略は、誰かに話したくなるような「ストーリー」として組み立てられているというものだ。

昭和30年代から40年代の高度経済成長の時代は、黙っていても成長するのでストーリーなど必要なかった。しかしある程度社会が成熟してくると、ストーリーがなければ顧客は受け入れてくれない。

ICTには新しい技術を生み出すフェーズと、社会に浸透させるフェーズがあるが、いまや技術は成熟しつつあり、後者のフェーズに入っているといえる。社会に浸透させるフェーズでは、課題を明らかにしてから技術に落とし込むトップダウン型のR&Dが必要となる。

そして、トップダウン型のR&Dに求められるのが「ストーリー」なのである。どのように実現するかではなく、何を行うかに重点が置かれる。そのため、なぜこのR&Dを行わなければならないか、このR&Dにおける課題は何か、このR&Dで誰にどのような価値を提供するのか、それをストーリーとして語らなければならない。そのためには、顧客が何を求めているのかという視点から技術を生かすことを考えていかなければならない。

R&Dで技術だけをつくっていると、顧客が何を求めているのかが見えなくなる。R&D部門の技術者も、ビジネスディベロップメントやマーケティングの発想を取り入れていく必要がある。もちろん、技術開発に特化する人も必要だが、技術者集団のなかに意識的にそういう存在を組み込んでいくことが必要になってくる。

ストーリーは、顧客価値を生み出せるかどうかにかかってくる。ということは、**現場に入り込んで顧客のニーズを掘り起こしていかなければならない**。フィールド思考という言い方があるが、現場でのリアルなコミュニケーションのなかから、顧客が望む価値を探していく必要がある。

20年ほど前、アメリカで量子コンピュータを研究する技術者と話をした。当時は量子コンピュータなどどうなるかわからなかった時代だ。そのときに彼はこう言った。

「量子コンピュータができたら、気象予測のシミュレーションが高速にできる」

それは、私も知っていた。驚いたのはそのあとの話だ。

「そして、気象予測が高速にできたら、農業が抜本的に変わる。農業のリスクヘッジができるようになり、収穫が劇的に変わる」

彼は、量子を研究する物理学者だ。その彼が、農業の未来像まで語るということに、驚きを隠せなかった。これこそが、ストーリーと言えるのではないだろうか。

ビジネスを売り込むためのストーリー

アメリカにプラネット・ラボ（Planet Labs）という、2010年設立の衛星画像を提供する企業がある。彼らは自分たちのビジネスを売り込むため、ベンチャーキャピタルにプレゼンテーションをした。

「いままでの衛星は、10年間機能させることを目的につくっていました。したがって、非常にコストが高くなってしまいました。しかし私たちは、半年だけ機能を維持できればいいと考え、コストを大幅に安くしています。その安い衛星を次々に打ち上げれば、トータルで10年間にわたって機能させることができます」
贅肉のないシンプルな説明だが、ビジネスプランをそのまま読み上げたような、ある意味で無味乾燥な説明だった。聞いていたベンチャーキャピタルの担当者も「ふ〜ん。やればいいんじゃない？」といっさい興味を持たなかったという。結果的に、資金を獲得することはできなかった。

1年後、彼らはまったく違うプレゼンテーションをした。

「衛星をたくさん打ち上げることができれば、アメリカの全州にあるターゲットの駐車場に、いま何台車が停まっているかがわかります。同時に、ライバルのウォルマートの駐車場に何台車が停まっているかもわかります」

この説明に、多くの投資家が資金提供を申し出たという。

技術的にはまったく同じものなのに、説明の仕方を変えるだけで全然違う。最初の説明は、単に技術の効果を語っただけの技術ドリブンだったが、翌年の説明は、顧客に対してどういう価値を提供できるのか、その未来像を語った顧客価値ドリブンだった。

ただし、壮大な未来像である必要はない。このプラネット・ラボのケースは、小さくても構わないから、意識的にストーリーを伝える努力をしなければならないという示唆に富む。

アマゾン「ダッシュボタン」の革新性

アマゾンの「ダッシュボタン」は、キッチンや冷蔵庫などに特定の商品を発注するためのボタン付きの小型端末を設置し、ボタンを押すだけで商品を発注できるシステムだ。

スマホで注文すればよさそうなものだが、あえて面倒なハードウェアの製作に踏み切ったのは、いちばん目につくキッチンにボタンを置いてもらうことに意味があるからだ。

さまざまな雑菌が付着している不衛生なスマホを、キッチンで料理をするときに触るのはいただけない。考え抜いた結果、欲しいと思ったときに忘れないうちにボタンで発注することが顧客のニーズだと結論づけたのだろう。

一方、洗剤やお茶などのメーカーからすれば、ボタンを設置してもらうことで顧客を囲い込むことができる。キッチンで扱われる日用品は、その商品でなければならないというものではない。その場にボタンが置いてあれば、繰り返し購入してもらうことができる。

人を惹きつけるストーリーに法則や理論があるわけではない。面白いストーリーを構築するために必要なのは、スキルよりもセンスということになってしまう。

しかし、恐れることはない。確実にいえるのは、**技術によって社会を変えたいという強い思いこそがストーリーを生む原動力になる**ということだ。心からの強い思いさえ持っていれば、努力も苦にならないし、自然とのめり込むこともできる。自分の考えていることを人に伝えたくなり、共有してほしくなる。

ＩＣＴは世の中を一変させることのできる分野である。

インターネットやスマホはすでに広く普及したものの、まだまだ過渡期にある。農業、医療、介護、都市開発、教育、運輸交通など、それぞれの産業にＩＣＴが適用されてこそ、ドラッカーが蒸気機関を例に出して喝破したように、産業構造、経済構造、社会構造の大きな変革につながる。

社会の大きな流れのなかで沈思黙考し、面白いストーリーを創り出し、新しい産業と社会制度の確立に寄与するためには、新しい軸を追い求めていかなければならない。センスといった感覚的な能力も必要となるが、こうした能力は磨くことができる。

「客にいくら尋ねても、自動車が欲しいという答えは返ってこない。なぜなら、客は馬車しか知らないからだ」

自動車王ヘンリー・フォードの言葉である。

未来を予測することは難しい。だが、未来を創ることはできる。変わりつつある時代のなかで、10年、20年、50年後を夢想するマインドで、産業、経済、社会が変わるプロセスに寄与していきたい。

5 デジタル化に求められる「デザイン思考」

従来の思考法では問題や課題に気づけない

最近注目されているのが「デザイン思考」という言葉だ。

デザイン思考は、顧客のニーズを探り出し、プロトタイプを作成して仮説検証しながら顧客価値と市場機会をつくり出していくプロセスである。デザイン思考にはさまざまな定義があるが、顧客のニーズ、顧客価値を探ることに尽きると思う。

デザイン思考には、次ページの図にあるように「気づく」「考える」「試す」「伝える」という四つの能力が必要だ。

従来のインベンションの時代は、問題や課題はわかっていたので、その問題や課題について考え、その考えを試し、試した結果について考え、また試すというループをぐるぐる回していれば、問題や課題を解決する技術が開発できた。

デザイン思考で求められる四つの能力

従来必要とされた「考える」「試す」に加え、問題や課題に「気づく」能力と、商品やサービスのよさを顧客に「伝える」能力を備えることが必須となる。

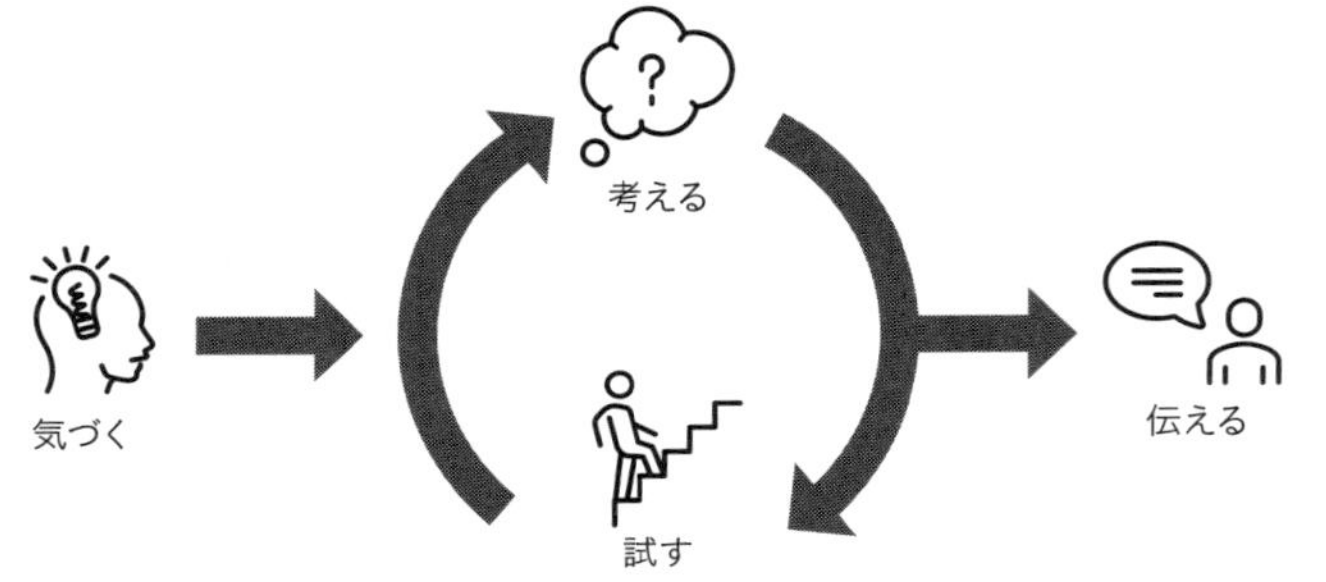

おおむね70歳以上の人たちは、この二つの能力のループだけで事足りた。1ギガバイトの光ファイバをつくる。CPUをもっと高速化し、省電力化する。問題や課題がそこらじゅうに転がっていた。その問題や課題を拾えば事業になったので、問題や課題に自分の力で気づく必要がなかった。

しかし、デジタル変革でも技術開発でも、いまはそれだけでは通用しない。まず、**問題や課題がわかりやすくないので、自らの力で気づかなければならない**。問題や課題に気づいたら、従来の考える、試すのループに乗せればいいが、そこで終わりにすることもできない。**出来上がったもののよさを顧客に伝えなければ**

ならなくなった。

かつては真ん中の二つの能力だけを持っていればよかったが、いまは技術系の人材にも四つの能力が求められている。これらの能力をすべて駆使して思考するのが、いわゆるデザイン思考なのである。

デザイン思考には「OODAループ」が最適

もう一つ、「OODA《ウーダ》ループ」という考え方もデザイン思考には必要だ。

ビジネスでよく使われる「PDCAサイクル」は、計画（Plan）、実行（Do）、評価（Check）、改善（Action）の頭文字をとったもので、仕事のやり方を継続的に改善していくときに効果的な手法だ。これに対して「OODAループ」は、観察（Observation）、適応（Orientation）、決定（Decision）、行動（Action）の四つのプロセスを回すもので、絶えず変化する状況のなかで迅速に意思決定し、行動に移すために使われる手法だ。

OODAループはアメリカ空軍のジョン・ボイド氏が提唱したもので、アメリカ海兵隊が積極的に取り入れていることで知られている。

海兵隊が得意とする機動戦は、味方の損失を最小限に抑えながら、敵の弱点に兵力を集

デザイン思考に適した「OODA ループ」

将来がどうなるか計画を立てづらい時代には「PDCAサイクル」より「OODAループ」が適している。臨機応変に動けるため、仮説と検証を素早く繰り返すときにも役立つ。

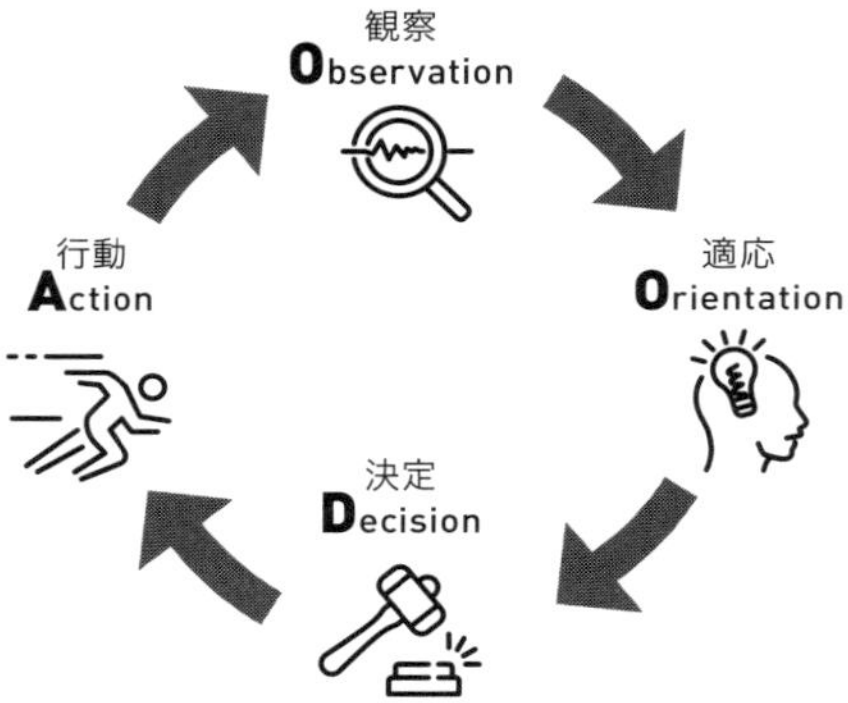

中させて一気に主導権を握る戦い方である。このような戦場では、計画など立てる余裕がない。現場の状況を素早く観察し、情勢に適応し、知識や経験をもとに決定し、行動に移すという迅速な意思決定が欠かせない。決定が遅れれば、文字通り命を失う。緊迫した状況で成果を上げてきたのがOODAループである。

デジタル化を進めるときには、**PDCAのような計画ありきのサイクルよりも、状況に応じて素早く決定・行動できるOODAループが適している。**海兵隊のようなフットワークの軽い組織には、現場の問題や課題を速やかに解決する能力が求められるからだ。

これからの技術者にはマーケティング発想が不可欠

結局のところ、デザイン思考はマーケティングにほかならない。マーケティングについてドラッカーはこう語っている。

「ビジネスの目的についての適切な定義は一つしかない。すなわち、顧客の創造である」

マーケティングの父、フィリップ・コトラーはこう言う。

「賢明なマーケターは、まだ満たされていない隠れたニーズを発見し、これを具体的に定義できる存在である」

そして、クレイトン・クリステンセンはこう言った。

「顧客のジョブに焦点を当てることで、新たなニーズ、イノベーションのシーズが見えてくる（筆者注：ジョブとは、顧客が処理しなければならない作業や、解決しなければならない課題のこと）」

ビジネスは新しい顧客の創造である。これをわかっていることが重要で、みんながそれを意識してくれるとデジタル化が進んでいく。

技術者とマーケターの発想はかなり違う。技術者が「技術」を起点にして発想するのに対して、マーケターは「顧客」を起点にして発想するからだ。技術者が「その商品を開発するのにいくらかかるか?」と考えるのに対して、マーケターは「その商品はいくらで売れるか?」と考える。技術者が「その技術は保護されているか?」と考えるのに対して、マーケターは「その商品はどれくらいの期間、競争優位を保てるか?」と考える。同じ会社で働いていても、発想は180度異なる。

これからの技術者は、マーケター側の視点で考えていかなければならない。デジタル化は顧客が何を求めているかという視点からスタートするので、マーケターの発想は不可欠だ。

ただ、顧客志向とよく間違えられるのは、顧客にアンケートをすればいいという発想である。顧客が認識している課題は課題ではなく、顧客が認識していない課題は、アンケートでは出てこない。**コトラーが指摘するように、顧客が気づいていない課題を見つけることが重要だ。表に出てこない顧客ニーズを引き出し、それをデジタル化することで、デジタルは無限の広がりを見せるはずだ。**

無料配布されるライフストローのビジネスモデル

ICTとは直接の関連はないが、デザイン思考の事例として「ライフストロー」のビジネスモデルが参考になる。

ライフストローは、バクテリアや寄生生物などを含んだ汚水を濾過《ろか》するフィルターが内蔵されたストローで、化学物質などを除けば、どんなに汚れた水でも飲用として問題のない水に浄化できる。全世界に普及した商品である。

特筆すべきは、商品そのものではなくその取り組みだ。製造元のベスタガード・フランセン（Vestergaard Frandsen）は、このストローをアフリカなどの発展途上国に無料で配布している。おかげで、水不足に悩まされる発展途上国の人々が、命をつなぐことができている。

ところが、それは単なるＣＳＲ（企業の社会的責任）ではない。**ベスタガード・フランセンは、これを二酸化炭素の排出量取引と絡めている**のだ。

これまで、発展途上国の人々は、飲料水を確保するために汚れた水を煮沸して飲んでいた。煮沸するときに必要な薪は森林を伐採して得たもので、二酸化炭素の吸収を阻害する。その薪を燃やすときにも二酸化炭素が排出され、途上国では飲料水を確保するために温室効果ガスを増大し続けていた。

しかし、ライフストローを普及させることによって、薪を燃やす必要がなくなり、森林の伐採が減った。その結果、温室効果ガスは減った。その減った分を、排出量取引市場で買い取るという仕組みをつくり上げた。排出枠を確保するためにライフストローを無料で配布するというモデルは、デザイン思考をするうえで参考になる。

デジタルの世界を構築するには、至るところにセンサを付ける必要がある。センサの価格が下がってきたからといって、大量のセンサにはそれなりのお金がかかる。そこで、ライフストローのようにセンサを無料で配り、その代金は別のところから受け取る仕組みが構築できれば、デジタルはすぐに普及する。

農業もそうだが、お金がないためにセンサの設置を渋るケースは後を絶たない。お金を払ってまで設置するほどのメリットが十分に伝わらないからだ。しかし、無料だったら使うという人は少なくない。こういうところまで技術者が考えていかないと、せっかくよいものをつくっても世の中には展開できない。

かつては、技術的によいものをつくれば、簡単に社会に展開していけた。しかし、いまはよいものをつくっても、高くて買えないと嫌われてしまう。**自分がつくった技術を、どのように展開すればいいか。そこまで考えるのがデザイン思考であり、デジタルには必要不可欠なものになっている。**

DATA-
DRIVEN
ECONOMY

第5章

デジタル化を進展させるための課題

1 デジタル化を進めるために大事なこと

なぜＰｏＣで終わってしまう企業が多いのか？

ＰｏＣ（Proof of Concept = 概念実証）という言葉がある。プロトタイプを製作する前段階の、コンセプトの検証やデモンストレーションである。

いま、デジタルやＩｏＴに関して、さまざまなＰｏＣが行われている。しかし、ＰｏＣで終わってしまうケースが後を絶たない。もちろん、多くのことを試してみなければ、成功にはたどり着けない。失敗は否定されるべきではないし、失敗事例が多いことも問題ではない。ただ、その理由が気になる。

それは、デジタル化をすることが目的になっていることだ。

経営層からデジタル化を進めろと指示され、ただ指示されたからという理由で深く考えずにＰｏＣを始めてしまう。普通は、ＰｏＣを始める前にある程度の価値や効果を検討するものだが、ほとんど何も考えずに浅い考えで動き出してしまうのが問題なのだ。

　デジタル化をすることが目的ではない。**デジタル化を「何のために」するのかをしっかり考えなければ、デジタル化の目的がなくなってしまう。**そのせいで「ＰｏＣの屍の山」と言いたくなるほど、ＰｏＣの失敗が増え続ける。目的が定まっていないから、失敗から得られるものも少ない。

　技術はある。逆に技術が簡単に使えるようになってしまったため、ＰｏＣまでは誰でもできるようになった。なんとなくやっても、それなりのことができてしまう。しかしこれはシーズドリブンにすぎない。企業が持つ技術を前提として進められるＰｏＣなので、顧客には何の価値も与えないものしかできない。本来はニーズドリブンであるべきだ。顧客にとっての価値、顧客の喜びにまで深く入り込むことが必要で、それができて初めて意味のあるＰｏＣとなる。


　農業分野でも、お金をかければさまざまなことができる。カメラも設置できれば、センサも設置できる。そして、お金があると不必要に立派なものをつくってしまう。いざ事業化しようとすると「そんなに高価なものはいらない」と顧客に言われて頓挫する。顧客の価値にもっと深入りしないと、ＰｏＣの失敗が増えるだけだ。

ＰｏＣに失敗すると、短気な経営者は「成果が出ないなら、デジタル化なんてもうやめてしまえ！」と短絡的になってしまうかもしれない。事業につながらなければ、説得力もない。そういう意味でも、顧客の価値を考え抜いてＰｏＣをやるべきだ。

そのためにも、顧客の現場に入り込み、何に困っていて、何を必要としているのかを明確にしていく。ここに、多くのリソースをかけなければならない。

農業では高価なものをつくっても買ってくれないと述べたが、では、どの程度の価格であればメリットを感じ、買ってくれるのか。そのあたりのニーズの深いところまで探っていくことが重要だ。

デジタル変革は現場発だ。**現場の顧客が求めているもの、必要としていることをデジタル部門の人と共創していける環境をつくることが重要**である。デジタル部門の人たちは、現場は未知の領域なのでわからない。現場の人たちはデジタルのことがわからない。お互いにその溝を埋めていく努力が必要だ。

私の研究室では風力発電の異常検知を行っているが、風力発電がどのような仕組みで成り立っているか、私たちにはわからない。そのわからないことをデジタル化するのだから、現場に行って積極的に話を聞くようにしている。

それぞれの業種や規模によって、どういうデジタル化が進んでいくのかはまだわかっていない。少しずつ知見を集めないと、将来の全体像は見えない。

ＩＣＴ技術者を競争力の源泉に据える

デジタル化を進めるうえで重要なプレイヤーである技術者の分布が偏っていることも、認識しておかなければならない。

総務省のデータでは、アメリカは51％のＩＣＴ技術者がユーザー企業側にいるのに対して、日本はその半分以下の24％である。ＩＰＡ（情報処理推進機構）のデータでは、欧米では70％のＩＣＴ技術者がユーザー企業側にいるというデータもある。それほど、欧米ではＩＣＴ技術者がユーザー企業側にいる割合が高い。

典型的なのは「ハッカー」である。コンピュータに関する飛び抜けた知識と技術を持ったハッカーのうち、もっとも優秀なグループはユーザー企業に就職する。セキュリティ会社に行くのは、二番手グループだという。欧米企業は、それほどＩＣＴに投資をしているということだ。

この点が、日米の生産性の違いと関係しているのかもしれない。ＩＣＴは生産性を上げるツールなので、そこが欠けている日本は、いまだにほとんどの産業セグメントで生産性

日米のICT技術者の分布状況

アメリカは51％のICT技術者がユーザー企業側にいるのに対して、日本は半分以下の24％。残りの76％もの技術者がICT企業側に所属している。

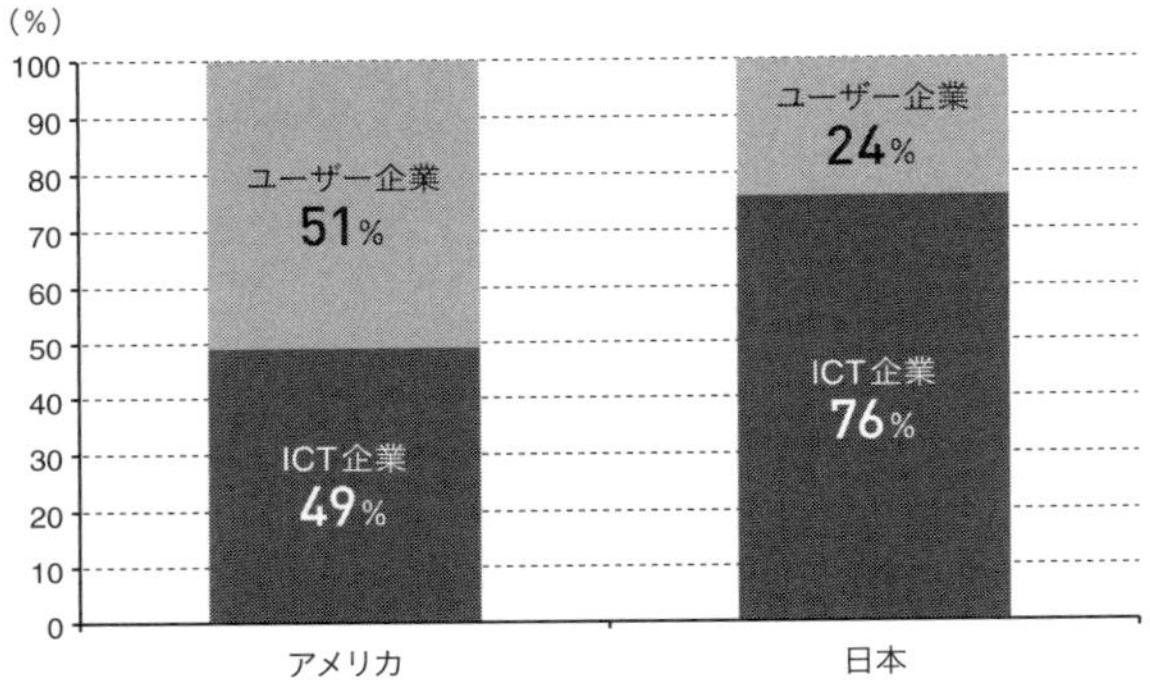

出典：総務省「IoT／ビッグデータ時代に向けた新たな情報通信政策の在り方について」第二次中間報告書、2016年6月をもとに作成

が低いままになっている。

デジタル変革は、すべての産業セグメントに関わることである。ユーザー企業側にデジタルに対する親近感を持ってもらわないといけない。欧米のようにユーザー企業がＩＣＴ技術者を採用するようになればベストだが、そういう環境をつくるには時間がかかる。だとすれば、**ＩＣＴ企業とユーザー企業がうまく連携をとりながらデジタル変革をサポートしていかなければならない。**

ただ、最近は明るい兆しも見え始めている。

かつてＩＣＴは、経営者が意識するようなものではなかった。情報システム部門に丸投げするだけで、ほとんど興味を持ってくれなかった。しかし、ＩｏＴという言葉が登場し、デジタル変革やデジタルトランスフォーメーションという言葉が出てきたおかげで、ようやく「デジタルが競争力の源泉になる」という意識が広がってきた。デジタル化は情報システム部門が担う仕事ではなく、新しい事業をつくる組織が担当すべき仕事という認識も広がっている。

ーＣＴ企業にいる技術者が、ユーザー企業に移る流れも少しずつ出始めている。ＩＣＴ技術者の流動化は、デジタルの浸透には追い風になる。

2 これからの技術面の課題

サイバーセキュリティへの投資が欠かせない

技術面の大きな課題は、やはりセキュリティ対策だろう。すべてのものがインターネットにつながるということは、すべてのものが不正にアクセスされる危険にさらされるということだ。これまでにないセキュリティの仕組みを考えなければならない。

最終的には、センサのセキュリティも自動的にアップデートされるようになっていくと思う。ウィンドウズ（Windows）のパソコンでは、ネットワークにつながっていれば最新の更新プログラムを自動的にアップデートしてくれる。同じようにセンサも、セキュリティに脆弱性が見つかったら自動的にアップデートしてくれる、いわばウィンドウズアップデート（Windows Update）のセンサ版のような仕組みができるのではないか。

もっとも、いまセンサに組み込まれている小さなＣＰＵでは処理能力が追いつかないので、省電力でパワーのあるCPUの登場が望まれる。

これまで主役だったウェブデータとは異なり、これから本格的に取得されるリアルデータは、あらゆる企業活動や社会生活に直結するものだ。リアルデータを攻撃されたときの被害はウェブデータの比ではない。2010年にイランの核施設を攻撃した「スタクスネット（Stuxnet）」というコンピュータワームのように、**電力ネットワークや水道などの社会インフラを攻撃されたら、国民の生活が麻痺してしまう可能性もある。**できるだけ早期にセキュリティを確立しなければならない。

インフラ以外にも、攻撃されると深刻な事態を招くものは少なくない。自動運転車のディスプレイに関係のない映像を突然流されたり、ハンドルをハッキングされて遠隔操作されたりすると、重大な事故につながり人命に関わる。自動運転のシステムにも必ずバグはあるものの、アップデートがしっかりしていれば不安もなくなる。

デジタルはありとあらゆる世界に浸透していくため、セキュリティ開発とサイバー攻撃はいたちごっこが続くことになる。とはいえ、必ずやらなければならない問題だ。高度なレベルのセキュリティ企業の登場も求められるだろう。アップデートシステムの構築や、不測の事態が起こらないように見守る体制の整備、セキュリティ情報の収集など、相当な数の人材が必要になりそうだ。この分野は新たな雇用を生むかもしれない。

サイバー攻撃は、技術だけでは100%防ぐことはできない。盗み見たら犯罪だ、アタックをかけたらこれだけ重い罪になるという制度と組み合わせてサイバーセキュリティをデザインすべきだ。もちろん、ユーザー側もセキュリティに対する意識を持たなければならない。日本は欧米に比べてセキュリティに対する意識が薄いので、その点も改善する必要があるだろう。

ネット上の交通整理が必要になる

さまざまなモノにセンサが取り付けられるようになると、多種多様で玉石混淆なデータがインターネット上を飛び交うことになる。それらのデータの交通整理をどのように行っていくか。

そもそも、集めたデータが玉石混淆であることを把握するのも難しい。理想的な環境は、センサから上がってきたデータをクラウドで処理しながら、「このデータ、なんかおかしいな」「これ、あんまり必要なさそうだな」という指示を出していくと、やがて少しずつ学習し、判断できるようになっていくというものだ。

また、「クラウド」という概念に対して「エッジ」という概念がある。端末の近くにサーバーを分散的に配置するという考え方だ。

監視カメラを街中に設置し、すべての映像をクラウドまで持っていくと、クラウドの負担が大きくなりすぎる。そのとき、ある程度の映像まではエッジで処理し、クラウドに上げるのは重要なデータだけにする。こういった処理の仕方を「エッジコンピューティング」と言う。最初のうちはデータの重要度がわからないから、すべてをクラウドに上げることになるだろう。しかし学習を重ねるうちに、クラウドとエッジ処理の間で機能分担が進んでいく。

これも走りながら考えていくしかないので、現時点で有効な方法が確立されているわけではない。

膨大なデータをどこでどう管理するのか

集めたデータをどこでどう管理するか。個人情報とそれ以外とでは大きく違う。

個人情報の管理は個人情報保護法に基づいて正確を期さないといけないので、カメラなどからデータを集めたときに、個人情報にならないように画像を修正する技術が出てくるかもしれない。いまでもよくあるのが、ＡＩで識別されないような画像の修正方法だ。一見すると実物だが、その画像や動画に雑音を入れることでＡＩをフェイクにかける。このフェイクにかける技術がもっと発展していく可能性がある。

生まれたときから血圧のデータがリアルタイムで保存されるようになるかもしれない。このデータは、医師がのどから手が出るほど欲しがるものだ。こうした生体データを含む「個人情報銀行」のようなものができるかもしれない。そこにデータを上げておけば、自分が病気になったときにそのデータにアクセスする権限を医師に与えることで、正確な診断ができる。これほど管理が難しいデータはない。場合によっては、この個人データが売買される可能性もある。違法な「売血」のような形で、生体情報が売買される世界だ。

Ｂ２Ｂのデータにも悩ましい問題がある。

そのデータが誰のものなのかよくわからないからだ。個人情報は個人のものと明確に線が引けるが、**企業のデータは複雑に絡み合っているがゆえに線引きが難しい**。

プラント会社の例で見てみよう。大手のプラント会社があって、そこにプラントの機械を納入する機械メーカーがある。そして、その機械に設置するセンサのメーカーがある。データはセンサから上がってくるが、上がってきたそのデータが誰のものかを決める基準がない。ここを整理しないと、管理が難しくなる。

最終的には契約で特定することになるが、プラントの場合、力関係ではプラント会社が優位に立つ。そうなると、契約書にもプラント会社に有利な条項が入る。果たしてそれでいいのかという問題が残る。

立場が強い者がすべてのデータを牛耳るようになると、データを持つことで強くなり、さらにデータが集まるようになって巨大な力を持ってしまう。こうなると、競合企業との差別化を図るためにデータをかき集めるようなインセンティブが働く。そうした動きを抑制するため、経産省では契約のガイドラインを作成し、次のような一文を記載した。

「一人がデータを独占しないよう、しっかりと議論して決めましょう」

これは何も言っていないに等しいが、国が作成したガイドラインに「しっかりと議論しろ」と書かれていれば、強い立場の人も交渉のテーブルにつかざるを得ない。それなりの牽制球にはなるのではないか。そうは言っても、このままでいいわけではない。さらに踏み込んだ方策を構築する必要がある。

さまざまな機器にSIMカードが入る

これは技術面の課題というよりも、新たな可能性の話である。

ＳＩＭカードの安全性はかなり高い。センサにコンピュータウィルスが入ったらダメだが、ＳＩＭカードの通信のところは安全なので、通信を盗み見られる心配はしなくていい。

２０１５年、フランスのベンチャー企業コネクテッドサイクル（Connected Cycle）が開発した自転車のスマートペダルは、アイデアとしては非常に単純だ。ペダルに携帯電話モジュール、ＧＰＳモジュール、ペダル回転数測定センサ、発電機能が内蔵されている。誰かが勝手に自転車を動かすとスマホに通知が届き、位置を追跡できる。自分で運転するときには、走行ルートを記録したり消費カロリーを測定することができる。このペダルを自転車に取り付ければ、盗難に遭ったときに自分の自転車がどこにあるかがわかる。

ペダルの内部には、グローバルなＳＩＭカードが固定されている。日本では利用できないが、多くの国で利用が可能だ。左右セットの製品価格は２２０ドル（約２万４０００円）で、そこにはハードウェアのコストとともに通信料金が含まれている。

通信料金を気にすることなく使えるのは、非常に大きな進歩だ。このような流れは広がるはずで、将来、通信料金はさらに安くなっていくと予測できる。近い将来、１万円以上のモノにはすべてＳＩＭカードが入る世界が来るかもしれない。安全で、しかもデータ通信が安価にできる世界。ここにビジネスチャンスがある。

5Gがつくる新たなワイヤレス基盤

次ページの図は、第5世代移動通信システム（5G）の特徴を表したものだ。

1980年代の第1世代（1G）携帯電話から、現在の第4世代（4G）携帯電話までの流れを見ればわかるように、ワイヤレス技術は「高速・大容量化」を目指して発展してきた。これに対してIoT向け通信の要件は、高速・大容量化とは大きく異なる。4Gまでの高速・大容量化では、IoT向け通信を効率よく収容することができない。IoT向け通信とスマートフォン向け通信とでは、特性が異なるためである。

自動運転、工場の自動化、遠隔手術などの分野では、低遅延や高信頼などといった要件が特徴となる。これを「ミッションクリティカルIoT」と呼ぶ。一方、スマートメーター、輸送・物流、農業などの分野では、大量のデバイス数、低コスト、低消費電力、少量のデータトラヒックなどが特徴となる。これを「大量IoT」と呼ぶ。

つまり、**あらゆるモノがネットワークに接続されるIoT時代において、ワイヤレスには高速・大容量化に加えて新しい軸が求められる。**具体的には「超低遅延化」「多数同時接続」である。これを満たすのが5Gだ。

5Gの携帯電話がまもなく登場し、2020年には実サービスが始まる。

第5世代移動通信システム（5G）の特徴

5Gはこれまでの高速・大容量化を進展させるだけではなく、超低遅延、多数同時接続を実現するのが大きな特徴。これによりあらゆる機器がネットに接続され、リアルタイムに通信できるようになる。

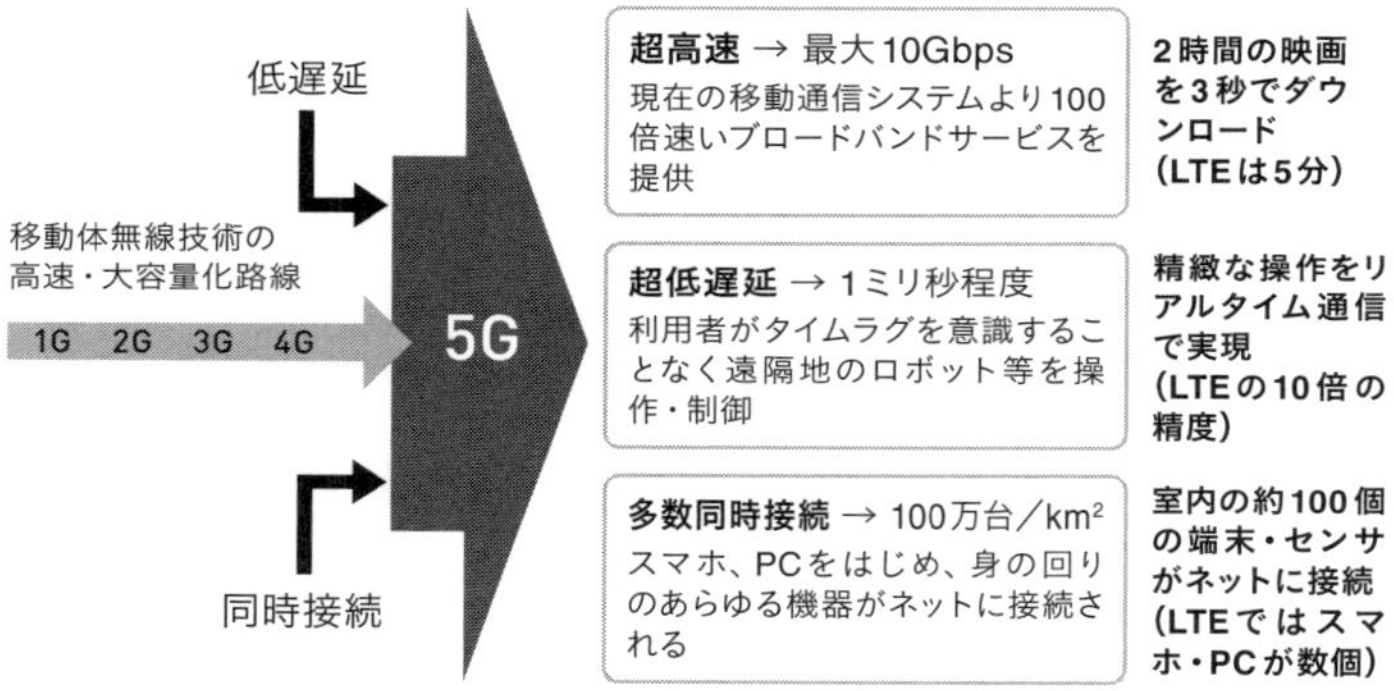

出典：総務省「第5世代移動通信システムについて」をもとに作成

５Ｇのサービスが始まり超低遅延化が実現することで、建設機械やロボットなどをリアルタイムに遠隔操作できるようになる。多数同時接続の実現で、身の回りのあらゆる機器がネットに接続できるようになり、屋内外のセンサや自動車を制御できるようになる。さらに、超高速化で現在より１００倍速いブロードバンドサービスが提供されるようになり、３Ｄ映像やあらゆる角度からの映像を一気に伝送できるようになる。携帯電話業界ではデジタル変革時代、ＩｏＴを支えるワイヤレス基盤として５Ｇを位置づけている。

送信頻度が低く、かつデータ量も少ない気温センサなどから、膨大なデータ量を要する超高精細映像まで、多種多様なトラヒックを収容することを目的とした5Gが登場することで、社会や産業が変わっていくはずだ。

3 新しい情報通信技術といかに向き合うか

新技術との付き合い方を示唆する「赤旗法」

制度設計で参考になるのが「赤旗法」だ。赤旗法は、1860年代にイギリスで施行された法律である。自動車は非常に危険な機械だから、自動車の前で人間が赤い旗を振りながら走りなさいという内容だった。

いまから見るとトンチンカンな法律だ。自動車の前を人が走ったりしたら自動車の意味がない。しかし、これは人間の本質を的確に示している。自動車のような危ないものを、意図的に規制してしまう傾向があるということだ。

デジタル化は、あまりにも安全安心を重視しすぎるとうまくいかない。そのバランス感覚が重要になる。イギリスの自動車産業は、赤旗法のせいでスピードが出せず、自動車開発でアメリカに後れを取った。デジタルもあまりうるさいことを言いすぎると、技術の進歩を止めてしまう。業界が健全に発展していくためには、その点の意識も持つべきだろう。もちろん、はじめから最適なバランスが得られるわけではない。デジタルに人間の感覚が追いつかないので、ある程度の時間とともにつくり上げられていくだろう。

ビデオデッキが出てきたとき、メーカー側がアンケートを取った。

「ちょっと高いですけど、ビデオデッキというものが発売されます。ビデオデッキがあれば、見たい番組が放送される時間に家にいなくても録画して見ることができます。ビデオデッキを購入したいですか？」

ほとんどの人の回答は「いらない」だった。ビデオデッキがない時代だから、見たいテレビは家で見ていた。その番組が始まる時間に家に帰って見るから、ビデオデッキなるものに興味を示さない。ビデオデッキは生活スタイルを大きく変えるものなのに、それがわからなかった。

私自身も、ハードディスクレコーダーが登場したとき、あれほどインパクトがあるとは思わなかった。ハードディスクの登場は、ビデオテープがなくなり、早送りや巻き戻しが簡単にできるだけだと思っていたが、まさかすべてのテレビ番組を録画する時代になるとは思いもよらなかった。

技術の進化は、社会の価値観を変える可能性がある。慎重に見ておかないと、赤旗法のようにその技術をブロックしかねない。

人間のほうにも進化が求められる。進化というより、慣れたり、調整したり、諦めたりする部分かもしれない。

自動車であれば、ひかれる可能性は高まるが、時速40キロから60キロで走っていいと許容する。安全性を完全に担保しようとすると、赤旗法のイギリスのように、自動車が時速10キロに満たない速度で走らなければならない。**新しい技術によって新しい世界が開けたとき、それを許容する、受け入れるのが進化である。**

鉄道がなかった時代、鉄道の危険を利便性と引き換えに受け入れた。そういう感覚のことを進化と呼ぶ。つまり、技術に慣れ、親近感を持つということだ。

制度設計にも積極的に関与すべき

制度設計について、技術と制度の関係が問題になりそうなのが自動運転である。自動運転は、人間同士の関わりから、人間と機械の関わりに頭を切り替えなければならない。

これまでの制度は、すべて人間同士の関わりだった。人間同士のトラブルを、法律で解決するものだった。しかし、自動運転は人間と機械、あるいは機械と機械の関わりとトラブルなので、悩ましいところがある。

自動運転車が事故を起こしたら、誰が責任を取るのか。右に曲がったら高齢者をひいてしまう。左に曲がったら子どもをひいてしまう。真っ直ぐ進んだら若者をひいてしまう。止まったら後続車に追突されてしまう。このとき、自動運転車はどれを選択すればいいのか。

とても答えが出せるような問いではない。私は、この問題が解決できない限り、本当の意味での自動運転はできないのではないかと考えている。

いままではすべて人間の責任だった。機械にしても、製造物責任によってつくった人の責任になっていた。しかし、自動運転は人が運転を司るわけではない。にもかかわらず、人を殺してしまいかねない凶器にもなる。人の命はもっとも大切なので、安易に決められるようなものではない。

自動運転車専用レーンを厳格に設置し、そのレーンに人が飛び出して事故が起こったときには、自動運転車の責任はなく、飛び出してきた人の責任である。

こんな制度をつくることができれば自動運転は可能だが、できなければほぼ不可能だ。つまり、制度がなければ新しい技術は社会で生きない。**だからこそ、制度と技術の両面で**

考えなければならないのである。

最近はウーバーが登場したことで、制度の問題がクローズアップされ始めた。しかし、これまでのＩＣＴでは制度を考える必要がある仕組みやシステムがなかった。ＩＣＴによって人間に危険が及ばなかったことに加え、従来の既得権益とバッティングすることがなかったからだ。

ウーバーが揉めているのは、タクシー業界という既得権益とバッティングするからだ。エアビーアンドビーが揉めるのは、ホテル業界という既得権益とバッティングするからだ。ここまでお話ししてきたように、デジタルはすべての業界に入り込んでいく。ほとんどの場合、何らかの形でバッティングしてしまう。

もう一つの問題は、既存の制度との戦いである。プラント工場などでは、経産省が安全基準をつくっている。その基準を遵守することで、安全が保たれていると信じられてきた。その一つが、人間が定期的に巡回し、目で見て安全を確認する作業だ。だがセンサを導入してデジタル化し、人間の目に取って代わろうとすると、その安全基準を定めている制度も変えなければならない。そのハードルは、かなり高い。

きっかけになりそうなのは、ウーバーやエアビーアンドビーのような、既得権益に立ち向かうベンチャーの登場だ。日本国内から出てきてもいいし、海外のベンチャーが日本に圧力をかけてもいい。ウーバーの従業員は、弁護士比率が高いと言われる。つまり、それだけトラブルが多いということだ。制度という壁は、打ち破って壊していくしかない。

技術進歩を過小評価することの過ち

1960年、スイスの時計産業は、世界市場で90％のシェアを占めていた。

それまでは、ぜんまいばねを利用した機械式の時計が主流だった。1967年、水晶（クォーツ）振動子を利用したクォーツ腕時計のプロトタイプが登場する。スイスのメーカーと、日本のセイコーのものだった。しかし、スイス人はクォーツ技術を過小評価し、クォーツ時計のR＆Dにおいて日本に後れを取ることになった。

一方、セイコーは急ピッチで開発を続け、1969年、世界初のクォーツ腕時計「アストロン」の市販を開始した。機械式に比べて圧倒的に精度の高いクォーツ腕時計アストロンは瞬く間に世界市場を席巻し、爆発的な売れ行きを見せた。

クォーツ時計の進展によって、時計の主要部品はぜんまいや歯車から水晶振動子やエレクトロニクスに替わった。つまり、クォーツ時計というイノベーションによって、パラダイムシフトが起こったのである。

スイスの時計産業はこのパラダイムシフトにうまく適応できず、一気に10％までシェアを落として衰退した。

この事例は、技術の進歩を過小評価すること、つまり**「できるわけないよ」と高をくくる姿勢の危険性を物語っている。**

もちろん、できないこともあるかもしれないが、うまくいく可能性を論理的に考えたほうがいい。直感的・本能的にはうまくいかないと思ったとしても、もしかしたらうまくいくかもしれないという視点を残せば、リスクヘッジはできると思う。

未来のことは誰にも予測できない

ＭＩＴ産業生産性調査委員会のマイケル・Ｌ・ダートウゾスらが『Made in America』を上梓したのは1989年のことだ。この本は、アメリカ産業の生産性低下に警鐘を鳴らし、アメリカ経済を復活させるための処方箋を提示する狙いで執筆された。執筆陣にはＭＩＴ特別委員会が経済界の大御所やノーベル経済学賞を受賞した経済学者などを招いた。

そこには次のように書かれている。

「製造業からサービス業への転換は、国民経済の発展の過程として避けることのできない道であり、同時に望ましい過程であるという見方が行われている。しかし、われわれはこの考え方は間違いであると考える。アメリカのように巨大な大陸型経済は、将来ともサービスの生産者として機能してゆくことは不可能であろう」

「アメリカは、世界の市場において、引き続き製造業の分野で競争していく以外に選択の余地はない」

「商品の輸入のためにサービスを輸出しなければならないという姿は現実的ではないということである」

「アメリカは、かつて20世紀の大部分を通じてこの国が示したインダストリアル・パフォーマンスを特徴づけるダイナミズムとリーダーシップを発揮しながら21世紀を迎えることが十分可能であると確信している」

『Made in America』(マイケル・L・ダートウゾス他著、依田直也訳、草思社)

その後のアメリカ経済がダイナミズムとリーダーシップを発揮したのは事実だが、それを牽引したのは製造業ではなく、否定されたサービス業と、話題にも上らなかった金融業だった。シリコンバレー主導のＩＴ革命の意義もまったく評価されていない。

「シリコンバレーモデルはけしからん」

「あんなのはどうせ小さな産業しか起こせない。基本は製造業だ」

「ベンチャーキャピタルが支えている産業だから、継続的なビジネスにならない」

「シリコンバレーが何をやろうが、国全体のマクロから見るとほとんど影響がない」

「アップルは、ベンチャーキャピタルの支えがなければ潰れるだろう」

さんざんな言われようだった。こういうものを見ると、将来は本当にわからないと思わざるを得ない。その道の大家が寄り集まっても、予測はことごとく外れている。逆に考えれば、したり顔で話す偉い人の話は、話半分で聞いておけばいい。実際、この手の話は枚挙に暇《いとま》がない。

●１８８０年、蓄音機を発明したトーマス・エジソンは、助手のサム・インスルに「蓄音機に商業的価値はまったくない」と言った

●１９０２年、天文学者のサイモン・ニューカムは「空気より重いものが空を飛ぶということは、まったく不可能ではないにしろ、実際には何の役にも立たず、意味がない」と

言った

- 1920年、ノーベル物理学賞受賞者のロバート・ミリカンは「人類が原子力を利用できる可能性はまったくない」と言った
- 1943年、IBM会長のトーマス・ワトソンは「世界でコンピュータの需要はせいぜい5台だと思う」と言った
- 1977年、デジタルイクイップメント（DEC）社長のケン・オルセンは「個人が家庭にコンピュータを持つ理由など見当たらない」と言った

いずれも、いまから考えれば見当はずれのことばかりだ。

ジェームズ・ワットが蒸気機関を発明したのは1765年ごろだと言われているが、蒸気機関車が登場したのは1825年。実に60年もの年月がかかっている。しかし蒸気船は1780年代と、かなり早い年代で歴史に現れている。蒸気船の登場で蒸気機関によって物が動くことに気づいたのなら、馬車の代わりに鉄道をという発想がすぐに浮かびそうだが、当時の人は思い浮かばなかった。

デジタルにもこのように人間の思い浮かばない分野があるはずだ。50年後の人から見れば当たり前なことも、いまの時代にいる人には想像もつかない世界があり得るのかもしれ

ない。

将来は予測できない。だからすべての常識に疑問を持つ。デジタルに無縁ではなくなるこれからの人は、すべてこのような姿勢を持つべきだ。

AI、IoTはあくまでもツールである

AIに畏怖の念を抱いている人は多いかもしれない。しかし、その感覚を払拭するべきだ。デジタル化を進めるには、その畏怖の念は必要ない。

いまのAIがやっていることは「分類」である。画像でも音でも単に信号の分類を行うパターン認識をしているだけと考えてよい。人間の棋士に勝ったグーグルの「アルファ碁」は、囲碁の棋譜を画像として認識し、次にどの画像に遷移すると勝つ確率が高まるのかを確率論で計算しているだけだ。逆にいえば、それしかできない。

たしかに、ものすごい数の棋譜をインプットし、対局中に画像を認識し、次に打つ最適な手のパターンを割り出している。しかし、やっているのは画像を認識して成功確率を計算しているだけだ。それ以上のことはできない。

顔画像認識も、パターン認識をしているだけだ。さまざまなパターンの画像があったと

きに、それを識別できるだけだ。結局のところ、いまのＡＩはパターン認識をしているだけで、本当の意味での知能ではない。流行《はや》りの深層学習も、新しい技術ではない。現在の深層学習につながる技術は、すでに１９７９年にＮＨＫ技術研究所（のちに大阪大学教授）の福島邦彦氏が発表している。いまになって深層学習が発展したのはなぜか。クラウドが出てきたおかげで、データが膨大になったからだ。

そこまでの数があるデータは、デジタル化が進んでもそうそうない。すべてにＡＩが使われるとは限らないので、恐れる必要はない。

しかも、いま、ＡＩは誰にでも使えるツールになっている。オープンソースをダウンロードして、使い方を学べば自分でプログラムがつくれる。自分で難解なプログラムやアルゴリズムを考える必要はない。アプリをダウンロードするだけでいい。

必要なビジネスを行う道筋に膨大なビッグデータがあって、パターン認識を必要とするものがあれば、ＡＩを使うことが候補になる。しかし、イーグルバスや古紙回収の事例のように、そもそもビッグデータがなかったりパターン認識も必要ない場合には、ＡＩというツールを使う必要はない。ビジネスの種類や規模に応じて、使う必要があるかどうかを個別に検討すればいい。

ＡＩもＩｏＴも、デジタル化を推進するうえでの単なるツールだというスタンスを持っ

ていただきたい。デジタル化の核になるのはツールではなく、データそのものである。
データ・ドリブン・エコノミーとは、データによって新しい価値を生み出すことだ。ツールとして使うＡＩやＩｏＴだけでは、経済や産業は変わらない。

ＩｏＴを使えば何かが起こるという誤解はいまでもある。ＡＩを使えば何かが起こると勘違いしている人も多い。だが、そうではない。ＩｏＴはデータを集めるためのツールで、ＡＩはデータを分析するためのツールだ。これまでは、リアルデータを集めるツールがなかったため、デジタル化が進まなかった。大量に集めたデータを保存する場所がなく、大量のデータを分析するツールもなかったから、デジタル化が進まなかった。

重要なのはデータである。

手法に惑わされることなく、アナログプロセスをデジタルデータに変えられるかを、曇りのない目で見つめることだ。それができれば、新しいビジネスの芽に気づくことは、それほど難しくないのではないだろうか。

おわりに

データ・ドリブン・エコノミーは、日本にとって大きなチャンス

なぜ本書を執筆したのか

いま、企業の経営者の意識が変わってきている。

大企業の経営者にはいろいろな情報が入ってきているから、世の中でデジタルと言われていることは知っている。自分の会社もデジタルについて取り組まなければならないという意識もある。もちろん中小企業の経営者も高いアンテナを張っているだろうが、相対的に意識が薄い。日本は、会社の数でも雇用数でも中小企業が圧倒的に多い。地方へ行くとなおさらだ。中小企業にデジタルを意識していただき、日本を元気にしていかなければならない。

経産省がＩｏＴ推進コンソーシアムを立ち上げ、その地方版に取り組む自治体が増えつつある。予算がつくと地方の役人は意識するので、そこからＩｏＴに対する意識が変わり始めた。全員が全員ではないが、都市部の大企業から地方自治体、地方の中小企業へと、

デジタル化の波は少しずつ押し寄せている。

しかし、その進みは遅々としている。裏側にあるのは人間の保守性だ。変えたくない、変わりたくないという抵抗はなくならない。年齢層もある。上に行けば行くほど変革に否定的だ。若い人であっても、会社に入ってアナログな仕事のやり方を5年も続けると、馴染んで変えづらくなるのかもしれない。

技術の進歩は速くなっても、普及・展開する段階では人間が必ず絡む。だからこそ、**現場の人たちの意識を変えることが重要になってくる。**

デジタルはすべての産業に関わる。すべての人に関わる。いまはどんなに小さな中小企業でも、パソコンが使われている。長い時間がかかったが、パソコンなんか使いたくないと抵抗していたおじさんたちも使っている。デジタル化は、パソコンが現場に定着したときの流れと似たような経緯をたどるのかもしれない。

つまり、デジタル化は来年、再来年というスパンでは完成しない。場合によっては、10年、20年という時間がかかる。振り返ると「少しずつ変わっていったね」とわかるような変わり方をしていく。

本書をできるだけ多くの人に読んでいただき、多くの方々にデジタルの本質を理解していただきたい。そうすれば、デジタル化はもう少し早く進むかもしれない。そんな期待を込めて、本書を執筆した。

日本人は地味で泥臭いデジタルに向いている

ウェブデータに関して、日本企業がＧＡＦＡ《ガーファ》（グーグル、アップル、フェイスブック、アマゾンのこと）、あるいはそれにマイクロソフトを含めたＧＡＦＡＭと同じ土俵に立つことは、おそらくもう無理だ。いまからグーグルに対抗する検索エンジンをつくろうとしても、技術的に10年以上遅れている現状を挽回するのは困難である。しかし、データ・ドリブン・エコノミーは、あらゆる産業セグメントに関係するリアルデータの世界なので、同じ土俵に立つことができる。むしろ、**この分野に関しては日本企業や日本人が得意な分野なのではないか。**

そもそも、ＧＡＦＡＭが集めているデータは、一部の業界に限られている。

ＧＡＦＡＭが化学業界に関するデータを集めるだろうか？

ＧＡＦＡＭが農業に関するデータを集めるだろうか？

ＧＡＦＡＭが建築・土木に関するデータを集めるだろうか？

もちろん、集められなくはない。しかし、これまでの彼らの動きを見ている限り、その動きは現実的ではない。たとえば水道管の漏水検知。諸外国では漏水率が20％を超えるところも少なくないが、だからといってシリコンバレーで最先端のウェブデータを扱う若者が、地味な水道管の漏水データを扱うだろうか。

日本人技術者にも高い能力がある。そのうえ、国民性や民族としての気質などを考えると、几帳面で着実。地味で泥臭い仕事を丁寧にやるのは日本人に向いていると思う。そもそも「カイゼン」は、地味で泥臭い。それを世界の共通言語にした日本人は、同じように地味で泥臭いデジタルに向いているはずだ。

しかも、リアルデータには特殊能力は必要ない。

古紙回収業務をデジタル化した古紙回収事業者や、バスの利用客をデジタル化で把握したイーグルバスのように、誰にでもできる。身の回りにあるアナログをデジタルに変える発想さえ持っていれば、誰にでもチャンスがある。

欧米においては、AIやIoTによるデジタル化は、雇用問題を引き起こし、社会不安を招くおそれがある。しかし、日本の状況は違う。

AIによって職が奪われると言われているが、日本の場合は極端に人口が減っていくので、職がなくなっても人手不足の状態は変わらない。地方に行くほど人がいない。雇用が奪われる以前に、人手不足を解消するにはデジタル化はどうあってもやらざるを得ないのだ。

もちろん、職がなくなることによって影響を受ける人はいるかもしれない。だが、アメリカなど人口が増え続ける国に比べて、影響はあまり大きくない。

デジタル化に不可欠なオープンイノベーションにしても、相手を敬う「義の精神」「利他の精神」は日本人の得意とするところだ。日本人にはいわゆる「三方よし」の世界がいまも生きている。私はそう信じている。まだ日本はオープンイノベーションが上手にできていないが、その芽は確実に出てきている。やり方に慣れてくれば一気に進むはずだ。


さらにいえば、デジタル化のキーワードとして「多様性」が挙げられる。

デジタルの専門家だけで話していても、デジタル化は進まない。いろいろな分野、属性の人たちと接点を持たなければ、なかなか進まない。多様性を受け入れられる準備をしておかなければ、デジタル社会には乗り遅れる。いままでの凝り固まった考えで、同じような人種とだけ仕事をしていても、イノベーションは生まれない。

ただ、この多様性を「ダイバーシティ」ととらえるのは、少し違和感を覚える。ダイバーシティはさまざまな人がバラバラに存在し、それぞれの考え方を尊重する集合体のようなイメージだ。私は、デジタル化を進めるうえではダイバーシティよりも適切な概念があると思う。それが「インクルージョン」だ。

インクルージョンは、さまざまな人が集まって、お互いを包容しているようなイメージだ。つまり、集まった人たちが一体になっている。その手助けをするのがカタリスト（触媒）だ。そうした人たちが集い、常に走りながら考える姿勢を持てば、必ずチャンスが生まれる。

その姿勢こそが、データ・ドリブン・エコノミーを推進する原動力になるはずだ。

森川博之

参考文献一覧

書籍

『経済発展の理論』J・A・シュムペーター著、塩野谷祐一、中山伊知郎、東畑精一訳、岩波文庫、1977年
『医師ゼンメルワイスの悲劇：今日の医療改革への提言』南和嘉男著、講談社、1988年
『Made in America：アメリカ再生のための米日欧産業比較』マイケル・L・ダートウゾス、リチャード・K・レスター、ロバート・M・ソロー著、依田直也訳、草思社、1990年
『ネクスト・ソサエティ：歴史が見たことのない未来がはじまる』P・F・ドラッカー著、上田惇生訳、ダイヤモンド社、2002年
『ストーリーとしての競争戦略：優れた戦略の条件』楠木建著、東洋経済新報社、2010年
『NEXT WORLD：未来を生きるためのハンドブック』NHKスペシャル「NEXT WORLD」制作班編著、NHK出版、2015年
『ブレイクスルーへの思考：東大先端研が実践する発想のマネジメント』東京大学先端科学技術研究

センター、神崎亮平編、東京大学出版会、2016年
『想像を超えた未来が迫ってきた！：IoT超入門』（別冊宝島）、宝島社、2016年
『2025年 日本の農業ビジネス』21世紀政策研究所編、講談社現代新書、2017年
『農業からあらゆる産業をIoTでつなぎまくる、NTTドコモアグリガールの突破力』NTTドコモIoTデザインプロジェクトチーム編著、日経BP社、2017年
『OECDビッグデータ白書：データ駆動型イノベーションが拓く未来社会』経済協力開発機構（OECD）編著、大磯一、入江晃史監訳、齋藤長行、田中絵麻訳、明石書店、2018年
『AI・IoT・ビッグデータ総覧2017-2018』日経BP社、2018年
『シンポジウム 情報化によるフードチェーン農業の構築』21世紀政策研究所編、21世紀政策研究所新書、2018年

雑誌・報告書

「『ウェアラブル』の未来予想図」森川博之著、『情報処理』（Vol.55 No.9）、2014年9月号、情報処理学会
「21世紀政策研究所 研究プロジェクト ビッグデータが私たちの医療・健康を変える」2014年9月、21世紀政策研究所
「IoT、CPSを活用したスマート建設生産システム」2015年11月12日、産業競争力懇談会（COCN）

「コマツ再攻：『ダントツ』の先を掘れ」『日経ビジネス』２０１６年2月15日号、日経ＢＰ社
「ワイヤレスの未来予想図」森川博之著、『計測と制御』（第55巻 第12号）、２０１６年12月号、計測自動制御学会
「ＩｏＴ　あらゆる産業に広がるビジネス機会」森川博之著、日経ＢＰムック『人工知能&ＩｏＴビジネス実践編』、２０１７年5月発行、日経ＢＰ社
「ストーリーとしての研究開発」森川博之著、『電子情報通信学会誌』（Vol.100 No.7）、２０１７年7月号、電子情報通信学会
「製造業革新を加速するデジタルツイン」『日経ものづくり』２０１７年8月号、日経ＢＰ社
「教養としてのテクノロジー：パート2　テクノロジー革新で覚醒した日本の製造業」『週刊東洋経済』２０１７年8月26日号、東洋経済新報社
「ＩｏＴ再始動　第1部：巻き返す日本企業『展望なき現状に終止符を：データ活用の〝先〟を目指せ』」『日経エレクトロニクス』２０１８年6月号、日経ＢＰ社
「野中郁次郎の成功の本質：アグリガール／ＮＴＴドコモ」野中郁次郎著、『Works』（No.148）、２０１８年6－7月号、リクルート
「ディジタルが拓く地方創生」森川博之著、『電子情報通信学会誌』（Vol.101 No.10）、２０１８年10月号

新聞

「やさしい経済学　データ駆動型経済とは何か①～⑨」森川博之著、『日本経済新聞』２０１８年２月12日～２月22日

「マツダ・自動車開発を一変させるモデルベース開発（上）：車１台丸ごと数値化」『日刊工業新聞』２０１８年３月20日

「変革に挑む　コマツ（上・中・下）」『日経産業新聞』２０１８年６月８日～６月13日

「経済教室　情報の時代の未来（上）」森川博之著、『日本経済新聞』２０１８年９月３日

ウェブ媒体

「インダストリー4・0とは何か：ドイツが官民一体で進める『第４の産業革命』１」熊谷徹著、『日経ビジネスオンライン』２０１４年７月22日

「『インダストリー4・0宣言』が示す『パラダイム・チェンジ』の姿：ドイツが官民一体で進める『第４の産業革命』２」熊谷徹著、『日経ビジネスオンライン』２０１４年８月21日

「革新急げ！　欧米諸国が主導権争い：第１回　ドイツが仕掛ける新産業革命『インダストリー4・0』の波紋」福田稔著、『日経ビジネスオンライン』２０１４年８月25日

「米海兵隊が〝ＰＤＣＡ〟より〝ＯＯＤＡ〟を使うワケ」野中郁次郎著、『プレジデントオンライン』２０１８年２月24日

※図表・写真の出典は該当箇所に明記致しました。

[著者]

森川博之（もりかわ・ひろゆき）

東京大学大学院工学系研究科教授

1965年生まれ。1987年東京大学工学部電子工学科卒業。1992年同大学院博士課程修了。博士（工学）。2006年東京大学大学院工学系研究科教授。2007年東京大学先端科学技術研究センター教授。2017年4月より現職。

IoT（モノのインターネット）、M2M（機械間通信）、ビッグデータ、センサネットワーク、無線通信システム、情報社会デザインなどの研究に従事。ビッグデータ時代の情報ネットワーク社会はどうあるべきか、情報通信技術は将来の社会をどのように変えるのか、について明確な指針を与えることを目指す。

電子情報通信学会論文賞（3回）、情報処理学会論文賞、ドコモ・モバイル・サイエンス賞、総務大臣表彰、志田林三郎賞などを受賞。OECDデジタル経済政策委員会（CDEP）副議長、新世代IoT/M2Mコンソーシアム会長、電子情報通信学会副会長、総務省情報通信審議会委員、国土交通省国立研究開発法人審議会委員などを歴任。

データ・ドリブン・エコノミー

――デジタルがすべての企業・産業・社会を変革する

2019年4月3日　第1刷発行

2019年10月11日　第2刷発行

著　者――森川博之

発行所――ダイヤモンド社

〒150-8409　東京都渋谷区神宮前6-12-17

http://www.diamond.co.jp/

電話／03･5778･7234（編集）　03･5778･7240（販売）

編集協力――新田匡央

装丁――――竹内雄二

本文デザイン・DTP――岸 和泉

校正――――鷗来堂

製作進行――ダイヤモンド・グラフィック社

印刷――――八光印刷（本文）・加藤文明社（カバー）

製本――――本間製本

編集担当――小川敦行

ISBN 978-4-478-10636-5